学前教育专业系列教材

学前儿童语言教学

张丽娟 ◎主编

汪 琦 ◎副主编

黑龙江大学出版社
HEILONGJIANG UNIVERSITY PRESS
哈尔滨

图书在版编目（CIP）数据

学前儿童语言教学 / 张丽娟主编． -- 哈尔滨：黑龙江大学出版社，2020.6
 ISBN 978-7-5686-0471-0

Ⅰ．①学… Ⅱ．①张… Ⅲ．①学前儿童－语言教学 Ⅳ．① G613.2

中国版本图书馆CIP数据核字（2020）第 010826 号

学前儿童语言教学
XUEQIAN ERTONG YUYAN JIAOXUE
张丽娟　主编　汪　琦　副主编

责任编辑	宋丽丽　高楠楠　张　帝
出版发行	黑龙江大学出版社
地　　址	哈尔滨市南岗区学府三道街 36 号
印　　刷	哈尔滨市石桥印务有限公司
开　　本	720 毫米×1000 毫米　1/16
印　　张	13.75
字　　数	225 千
版　　次	2020 年 6 月第 1 版
印　　次	2020 年 6 月第 1 次印刷
书　　号	ISBN 978-7-5686-0471-0
定　　价	38.00 元

本书如有印装错误请与本社联系更换。

版权所有　侵权必究

总　　序

学前教育是终身学习的开端,是国民教育体系的重要组成部分,是重要的社会公益事业。学前教育对幼儿的身心健康、习惯养成、智力发展等具有重要意义。办好学前教育,关系亿万儿童的健康成长,关系千家万户的切身利益,关系国家和民族的未来。改革开放以来,特别是21世纪以来,我国学前教育取得了长足发展,普及程度逐步提高。随着社会经济的发展,人们对学前教育提出了更高的要求。

2018年11月,中共中央、国务院出台了《关于学前教育深化改革规范发展的若干意见》,该意见明确指出:"目前学前教育仍是整个教育体系的短板。"学前教育的短板突出表现在教育资源不足、政策保障体系不完善、教师队伍建设滞后、监管体制机制不健全、保教质量有待提高等方面。其中,教师队伍建设滞后成为制约我国学前教育事业发展的一个重要因素。针对师资问题,该意见提出:"到2020年,基本形成以本专科为主体的幼儿园教师培养体系,本专科学前教育专业毕业生规模达到20万人以上;建立幼儿园教师专业成长机制,健全培训课程标准,分层分类培训150万名左右幼儿园园长、教师。"为了实现这个目标,加大学前教育人才培养力度、提高学前教育专业教学质量是我们面临的重要任务。

为了全面贯彻党和国家的教育方针,我们组织江苏、安徽、黑龙江、吉林、广东等省的本科院校学前教育专业的专家和学者共同编写了这套"学前教育专业系列教材"。本套教材主要面向普通本科院校、成人高校的在校学生,同时也适用于各级各类幼儿园园长和教师的培训。本套教材立足于培养实用型、技能型的幼教教师,坚持理论联系实际、讲学练结合、突出岗位技能训练的原则,力求贯彻能力本位原则、学生主体原则、与时俱进原则。在内容和体例上,本套教材力求做到科学、实用、新颖,密切结合学生的认知规律和学习特点来选择教学内容。理论知识的构建以阐述基本问题为主,理论知识通俗易懂、便于理解。专业技能的训练则与幼教机构的实际需要相联系。本套教材力求做到目的明确、重点突出、指导具体,具有较强的实用性和可操作性。

  本套教材的编写得到了教育部幼儿园园长培训中心领导和专家的指导,一些幼儿园园长和资深教师对本套教材的编写也提出了很多宝贵意见。对于他们的帮助,我们表示衷心的感谢。本套教材由于编写仓促,还存在一些问题和不足,我们将在今后的使用过程中不断修订、不断完善,使这套教材更好地为广大师生服务。

编者

目　　录

第一章　学前儿童语言教学概述　/　1
　　第一节　语言的本质与功能 …………………………………………… 1
　　第二节　学前儿童语言教育的意义 …………………………………… 7
　　第三节　学前儿童语言教学的基本概念 ……………………………… 9

第二章　学前儿童语言发展的阶段与特征　/　15
　　第一节　学前儿童语言发展的特点和方式 …………………………… 15
　　第二节　学前儿童语音的发展与教育 ………………………………… 20
　　第三节　学前儿童词汇的发展与教育 ………………………………… 31
　　第四节　学前儿童语法的发展与教育 ………………………………… 38

第三章　学前儿童语言教学的实施　/　43
　　第一节　学前儿童语言教学的目标与内容 …………………………… 43
　　第二节　学前儿童语言教学的原则与方法 …………………………… 59

第四章　学前儿童谈话活动　/　67
　　第一节　谈话活动概述 ………………………………………………… 68
　　第二节　谈话活动的形式和注意事项 ………………………………… 73
　　第三节　谈话活动的语言教育要求 …………………………………… 76
　　第四节　谈话活动的设计与组织 ……………………………………… 82

第五章　学前儿童讲述活动　/　96
　　第一节　讲述活动概述 …………………………………………… 96
　　第二节　讲述活动的类型 ………………………………………… 99
　　第三节　讲述活动的语言教育要求 ……………………………… 103
　　第四节　讲述活动的设计与组织 ………………………………… 106

第六章　学前儿童听说游戏活动　/　116
　　第一节　听说游戏活动概述 ……………………………………… 116
　　第二节　听说游戏活动的类型 …………………………………… 121
　　第三节　听说游戏活动的语言教育要求 ………………………… 126
　　第四节　听说游戏活动的设计与组织 …………………………… 130

第七章　学前儿童文学活动　/　141
　　第一节　学前儿童文学活动概述 ………………………………… 142
　　第二节　学前儿童文学活动的主要类型 ………………………… 147
　　第三节　学前儿童文学活动的语言教育要求 …………………… 155
　　第四节　学前儿童文学活动的设计与组织 ……………………… 159

第八章　学前儿童早期阅读活动　/　170
　　第一节　早期阅读活动概述 ……………………………………… 170
　　第二节　早期阅读活动的基本类型 ……………………………… 176
　　第三节　早期阅读活动的语言教育要求 ………………………… 182
　　第四节　早期阅读活动的设计与组织 …………………………… 185

第九章　学前儿童语言教育评价　/　198
　　第一节　学前儿童语言教育评价的作用与原则 ………………… 198
　　第二节　学前儿童语言教育评价的内容与方法 ………………… 202

参考书目　/　213

第一章
学前儿童语言教学概述

1. 了解学前儿童语言教育的有关概念。
2. 理解学前儿童语言教学的意义。
3. 熟悉学前儿童语言获得的相关基本理论。

语言是人类最重要的交际工具,与学前儿童的生活、发展息息相关,对儿童的身心健康有着重要的影响。语言可以使学前儿童讲出自己的感觉、感受和需要,让成人、同伴及时了解自己,或引起别人对自己的注意,提高学前儿童在交际中的地位。人们需要运用语言进行认知和思考,语言的发展和思维发展的关系十分密切,语言是学前儿童学习概念、发展智力、扩大交往范围、推进社会化发展的基本要素。

第一节　语言的本质与功能

世界上的人总是在不断地说着自己国家的语言,他们用自己国家的语言来传递信息、交流和沟通感情。在正式学习学前儿童语言教学的相关内容前,我们必须首先弄清楚"语言是什么"。语言是什么?对于这一问题,很多学者已经从不同的角度给出过许多不同的定义。而在本节内容中,我们将围绕"语言的本质"和"语言的功能"等方面来阐述和回答"语言是什么"这一基本问题。

一、语言的本质

语言与哲学、心理学、教育学等学科紧密相连,不同的学科对语言本质的认识是不同的。

(一)符号性

被称为现代语言学之父的瑞士语言学家索绪尔在《普通语言学教程》中提出"语言是一种符号系统"。所谓的符号系统是指语言能够代表和指称现实世界中的任何事物。每一个语言符号代表的意义都是约定俗成的,一个语言符号只能代表一个特定的意义。语言符号是由音、义结合构成的。"音"是语言符号的物质表现形式,"义"是语言符号的内容,只有音和义相结合才能指称现实事物和现象,构成语言的符号。

例如"人"这个符号,rén 是它的语音形式,"会说话、用两条腿走路、会制造和使用生产工具进行劳动"是和这个音结合在一起的意义,构成符号的内容。音与义是语言符号的两个"面"。

索绪尔在他的论著《普通语言学教程》中还提出语言具有任意性和线条性两个特点。所谓任意性即音、义的结合是任意的,什么音对应什么义是约定俗成的,比方说"人",汉语说"rén",英语说"person"或"man",相互间的语音差别很大,但它们所表达的意义一样,说明不同的音可以表达相同的意义。同样,相同或相似的音在不同的语言中也可以表达不同的意义,如"ai"这个发音,汉语中表达的是哀、爱、矮……,在英语中表达的是"我"(I)。所谓线条性,是指语言符号总是一个接着一个不断地出现,它只能在时间上绵延而不能在空间上展开。语言作为一种符号,它并不是杂乱无章的,而是有组织、有条理的系统。

语言符号系统是存在地域差异性的,主要表现为世界上不同国家和地区存在着不同的语言。作为一个多民族国家,我国国土范围内存在着汉语、蒙古语、朝鲜语等各种各样的语言,对同一个词,不同民族的语言存在不同的发音,而相同的发音代表的意义也存在差异。由此造成了语言之间的沟通障碍。我国通用的语言是普通话,因此,应从小就教会儿童普通话,为了保留语言的多样性,也应让儿童适当地学习方言或本民族语言。经济全球化的发展,使得社会的发展也在逐步全球化。走出国门,加快和世界的融合成为人们的共识,而语言交流在其中起着非常重要的作用。因此,应从小培养儿童的全球意识,创造条件让儿童适当地学习一些外语。

语言作为一种符号系统,是人类用来传递信息、交流和沟通感情的工具。语言是一切知识的载体,它渗透到我们生活的方方面面。没有语言,人类社会就不会存在。但语言的产生不是自发的,人从出生后需要经过不断的学习才能逐渐掌握本民族的语言。比如:在儿童牙牙学语的时候,成人会教儿童"妈妈""爸爸"等词语;看见一个和自己父母年龄相仿的人,成人会教儿童叫"叔叔"或"阿姨";当父母带儿童出去散步时会指着树木告诉儿童"这是树";看见小草会告诉儿童"这个绿色的是小草"。成人还会有意识地买很多图画书给儿童看,在让儿童看图画的同时,成人会不厌其烦地给儿童讲图画的内容。儿童也会通过电视、网络等获得相关的语言词汇。这些都是儿童语言获得的重要途径。

(二)社会性

语言是一种社会现象,是人类通过高度结构化的声音组合或书写符号、手势等构成的一种符号系统,同时又是一种运用这种符号系统来交流思想的行为。语言的交流发生在人与人之间,一个人说话的内容常常受到其他人的影响。语言是随着人类社会的产生而产生的,因此,语言的本质属性是其社会性,主要表现在以下几个方面。

1. 社会离不开语言

社会的构成要素包括了作为社会行动者的人、社会关系、社会行动和社会文化。首先,社会的存在离不开人,没有人就没有所谓的社会,而人的存在离不开语言。有关儿童早期语言剥夺的研究已经证明了这点。社会关系是社会的核心构成要素。人们总是生活在一定的社会关系中,人与人之间要进行交流、沟通,离不开对语言的掌握。一个没掌握语言的人很难清楚地表达自己的观点和想法,在与人交流的过程中就很难被他人所理解。其次,社会作为一个行动的体系,是处在一个不断变化的过程中的,社会的不断发展依赖于语言。最后,社会文化的传承和发展需要相应的载体,其中最为主要的一种载体就是语言,人们是通过口口相传的形式记录下人类的早期历史变迁的。语言是为社会服务的。

2. 语言离不开社会

语言作为一种社会产物,随着社会发展而发展,又随着社会的变化而变化。随着社会生产力的发展,生产关系的改变,人类思维能力的不断提高,新事物、新概念不断涌现,语言也相应地获得了新的发展,"电视""电脑""广告"等词在古代汉语中是闻所未闻的,但这些词却屡屡出现在现代汉语中。又如随着科学技术的不断发展,神话故事"嫦娥奔月"有了新的内涵。随着社会的不断发展,"微信""拼团""宅"开始出现在我们的语言词汇中。由此可见,语言是随着社会的变化而变化的,人想要用语言和别人进行交流需具备两个前提条件。第一,必须具有健全的发音器官。第二,必须具有一定的社会条件。"狼孩""豹孩"的例子充分说明了人类的语言是离不开社会的。即使人类具有健全的发音器官,如果没有后天的社会环境,不在适当的时候用实际的语言进行交流,也不能发展出语言能力。

(三) 工具性

《现代汉语词典》对"语言"做出了这样的解释:"人类所特有的用来表达意思、交流思想的工具,是一种特殊的社会现象,由语音、词汇和语法构成一定的系统。'语言'一般包括它的书面形式,但在与'文字'并举时只指口语。"由此可见,语言首先被人们看作是一种工具。我们可以从人们的语言表达中推测人们的思想和想法,判断人们的性格特点。古希腊哲学家亚里士多德在谈及语言时,也赞同语言具有工具性,他在《工具论》中写道:"口语是内心经验的符号,文字是口语的符号。"语言的工具性主要体现在语言既是人们交流沟通的工具,也是人们思维的工具。一方面,语言为人们提供大量的间接认识的材料;另一方面,人们对客观事物的认识需要通过语言才能储存和传递。

二、语言的功能

讨论语言功能的目的在于增进人们对语言本质的认识,从而能够更好地理解学前儿童的语言发展。语言的功能是多种多样的,归纳起来主要有三个方面:表达功能、思维功能和人际互动功能。

(一)表达功能

自从有了人类便有了文化和语言。人类的文化和语言就像人本身和他的影子一样是形影不离的。人总是生活在一定的社会文化环境中,用特定的语言来表述文化生活。文化的传承主要有两种形式——文字的传承或者口口相传。但无论借助于何种形式,都离不开语言的表达。文字的记载当然离不开文字图案的力量,但更离不开语言,语言是记录的载体,记录的目的在于表达。口口相传是一个交际的过程,交际在实质上也是一种表达,因为,只有表达才能形成交际。语言只有通过表达才能让人们接受和理解,因此,语言最浅显和最深刻的功能就是表达。在表达的过程中传递信息、交流思想,人类文化才得以传承。

(二)思维功能

维果茨基将心理机能划分为低级心理机能和高级心理机能两类。其中高级心理机能是人类特有的,其核心特征是人能够利用符号工具完成相互之间的交流,而且能用符号工具指引、掌握自己的心理过程,即人能够用语言进行思考。在学前儿童阶段经常会出现这样一些情况。一个儿童在用积木搭建一座房子时,总是边做边说:"我要先搭几根柱子,再搭房顶,再弄窗子。"儿童在绘画时嘴里也会不停地说:"我先画小猫的脑袋,再画小猫的眼睛,然后是嘴巴、鼻子,最后要给小猫画上长长的胡子。"儿童的这种自言自语现象在学前期是非常普遍的,说明儿童在利用语言进行思考。由于身心发展的特点,成人在遇到问题时更多的是运用一种"不出声的内部言语"进行思考。但无论是"出声的外部言语",还是"不出声的内部言语"都能够促进人们的思维发展,加深人们对事物的理解。

(三)人际互动功能

互动指的是人和人之间的相互影响、相互作用。语言的一个重要功能是建立和保持某种社会关系,这可以叫作语言的人际互动功能。这里的互动包括两个方面的意思:一是指说话者在说话的过程中表达自己的观点、看法、意图等;二是指说话者的语言对受话者产生影响,使受话者做出相应的语言或动作反应,从而达到人际互动的实际效果。比如好友甲乙两人看见一幅画,甲:"这幅画真漂亮,我想买。"乙:"我觉得一般,主要是色彩过于灰暗。"由此可见,说话者在传递信息的同时,也在表达着自己主观的一种情感态度。受话者接收到客观信息后,会根据自己的经历,做出相应的回应。这样语言就成为说话者和受话者之间一种交际互动的工具。

三、学前儿童语言的定位

语言的学习和发展是终生的任务,那学前期对儿童语言发展有什么样的作用呢?学前儿童的语言有何种属性?对于学前儿童语言的定位,《3—6岁儿童学习与发展指南》(以下简称《指南》)在语言部分开宗明义地指出,"语言是交流和思维的工具。幼儿期是语言发展,特别是口语发展的重要时期。幼儿语言的发展贯穿于各个领域,也对其他领域的学习与发展有着重要的影响;幼儿在运用语言进行交流的同时,也在发展着人际交往能力、理解他人和判断交往情境的能力、组织自己思想的能力。通过语言获取信息,幼儿的学习逐步超越个体的直接感知"。这就要求幼儿教师和家长在发展学前儿童语言的过程中要明确学前儿童语言在两个方面的功能定位。

首先,语言是学前儿童交流和思维的工具。语言首先具有工具属性,不仅是幼儿表达自己的思想、理解他人意图的工具,同时也是他们发展思维和社会性的重要工具,因此在学前阶段开展语言教育活动,不仅对幼儿语言本身的发展有作用,对幼儿的认知和社会性的发展也都有影响。语言的工具属性提示幼儿教师和家长要特别重视在学前期为幼儿语言的发展提供机会、创设环境,同时对语言发展迟缓或有障碍的幼儿,也应在学前期予以特别的关注,在这一时期做到早发现、早干预、早治疗,可以达到更好的治疗效果。

其次,语言也是学前儿童学习的内容。学前儿童的语言还具有内容属性。学前儿童的语言与成人的语言不同,成人的语言已基本成熟,成人在使用语言的时候往往是自如的、无意识的,但学前儿童需要学习如何发音,学习理解一个词语的意义,在日常生活中不断尝试使用语言,在语言使用的试误过程中掌握词汇或句子的特点,从而逐渐成为一个成熟的语言使用者。学前儿童语言的内容属性提示幼儿教师和家长,在学前期,教育者要重视对幼儿进行语言教育,帮助幼儿学习语言中的要素,学习如何使用语言,并感受语言的艺术之美。因此在学前期,要将"语言"作为幼儿学习和发展的重要领域之一。

第二节 学前儿童语言教育的意义

语言是人类最重要的交际工具。心理学家和语言学家经大量研究提出:学前期是儿童语言发展的关键期或称最佳期,如能在这一时期提供良好的语言教育条件,不仅能促进其语言发展,而且能促进其认知和社会性的发展,同时口头语言的学习还能为以后书面语言的学习打下良好的基础;反之,错过了语言发展的最佳时期,或忽视了学前阶段的语言教育工作,就会延缓、阻碍学前儿童的语言发展,有的甚至终生难以补偿。

一、促进学前儿童学习能力和认知能力的发展

语言具有高度的概括性,语义内容也相当丰富。学前儿童语言的加工,与其他认知加工有许多相似之处。语音需要理解,语法规则需要抽象和概括。学前儿童通过加工语言使认知能力得到训练与提高,但是语言加工又不等于其他的认知加工。语言通过语词、概念向学前儿童传递间接经验,有助于扩大其眼界,提高其思维和想象能力,也有助于学前儿童学习能力的发展。

认知是认知心理学的术语,也被称为认识,是指人认识外界事物的过程,或者说是人的感觉器官对外界事物进行信息加工的过程,包括感觉、知觉、记忆、想象、思维等心理过程。学前儿童思维的发展经历了从直观动作思维到具体形象思维再到抽象逻辑思维的发展过程,在这一过程中,语言起着非常重要的作用。学前儿童在掌握语言之前,对事物的认识主要依赖于对事物的直接感知,他们需要用手去摸,用眼睛去看,用耳朵去听,用嘴巴去咬,甚至把东西拆了……而当儿童掌握了语言以后,他们开始用语言对事物进行概括,对动作的依赖逐渐减少,对语言的依赖逐渐增强。这一行为,使得学前儿童的思维从直观动作思维逐步过渡到具体形象思维,进而产生抽象逻辑思维的萌芽。我国心理学家朱智贤教授认为,儿童言语连贯性的发展是儿童言语能力和逻辑思维能力发展的重要环节。心理学家们普遍认为,儿童早期语言能力的发展是他们认知发展的重要标志。

二、促进学前儿童社会化的发展

语言教育的基本任务在于促进学前儿童语言能力的发展。因此,语言教学的首要任务也就是使学前儿童发音清晰、词汇丰富、口语表达完善、语言交往技能提高。在语言教学中,成人会为儿童提供各种各样的语言范例,包括日常对话、故事、诗歌等,让儿童自己去感知、体会、理解和记忆。在此过程中,学前儿童不断积累新的语音和词汇,不断吸收新的句式和表达方法,然后逐渐把他人的语言转化为自己的语言,用来表达自己的思想和情感,对他人的行为施加影响,完成各种交往任务。

儿童获得语言,在心理学上被称为儿童社会化发展历程中的里程碑,对儿童身心健康、全面发展具有积极的影响。儿童获得语言之后,就能用语言与周围人进行交流。这种交流可以帮助儿童克服以自我为中心的言行,使他们能够主动地适应他人的行为,并在此基础上逐渐形成自我调节能力,使自己的情感、态度、习惯、行为等与社会规范逐渐接近并相吻合。如"未经允许不能随便拿别人的东西""自己能做的事情自己做""得到别人的帮助要说谢谢",这些都是社会对儿童的行为要求。成人先用语言对儿童进行他律,然后儿童就可以用语言进行自律,从而形成一定的行为习惯。

三、促进学前儿童语言兴趣的提高

随着语言的不断丰富,语言交往技能的不断提高,儿童学习和运用语言的兴趣也越来越大。听和说的兴趣、自信和主动精神都有赖于语言听说能力的提高,而儿童一旦产生学习语言的兴趣,就会主动寻找学习语言的机会,学习更多的语言符号,尝试更多新的语言技巧,这样儿童语言的潜能就能得到充分的发展。这种兴趣不仅对学前期儿童的语言学习活动有积极的影响,也可能影响到他们入学乃至成年后学习和运用语言的活动。国内外许多作家的写作兴趣都可以追溯到他们的幼儿时期,他们大多有小时候经常听大人读书、讲故事的共同经验,正是这种早期的培养才使他们对文学作品和写作活动产生浓厚的兴趣,并最终走上文学创作的道路。

四、为学前儿童今后学习书面语言打下良好的基础

儿童的语言学习是一个连续的过程,这个过程以新生儿第一声啼哭为起点,经历三个阶段:非语言交际阶段、口头语言的使用阶段和书面语言的使用阶段。书面语言是以口语为基础的,口语发展不好,就会严重影响书面语言的掌握和运用。听、说是读、写的基础,是儿童入学后顺利过渡到书面语言学习的重要条件。成人如果能有意识地训练学前阶段儿童口头组词、造句和口语表达能力,让儿童现想现说、有条理地说,就可以促进思维敏捷性、灵活性和逻辑性的发展。儿童口头组词、造句、表达能力的发展,迁移到书面语言的练习中,就能促进文字表达能力的发展。因此,进行学前语言教育,发展口语表达能力,可以为儿童入学后学习书面语言打下良好的基础。

第三节 学前儿童语言教学的基本概念

一、学前儿童语言教育的含义

学前儿童语言教育这一学科研究的是儿童语言发生发展的现象、规律及对他们的教育,是师范院校学前教育专业的一门应用性科目,在教师的培养中起到重要作用。近年来,由于社会和教育事业的发展,学前儿童语言教育也获得了突飞猛进的发展,逐步成为学前教育专业的支柱学科之一。理论界将学前儿童语言教育的概念分为广义和狭义两种,主要根据研究对象进行区别。

(一)狭义的学前儿童语言教育

狭义的学前儿童语言教育只把3—6岁儿童掌握母语口语的过程作为主要的研究对象,尤其是3—6岁儿童早期掌握母语的听说训练和教育,并强调对3—6岁儿童加强口语听说训练。由于我们传统上认为学前教育就是指幼儿园阶段的教育(在我国主要是针对3—6岁儿童的教育),所以把学前儿童语言教育的研究对象限定在这一范围内。另外,人们普遍认为母语是自然习得的,教

育并不起很大作用,所以就把0—3岁儿童的语言教育排除在外了。但是事实上,无论在研究对象上还是在对学前儿童学习语言方法的看法上,狭义的学前儿童语言教育的这种理论都存在偏颇。对学前儿童语言教育的狭义限定不仅不利于学前儿童0—6岁阶段的语言一体化研究与教育,而且也不利于学前儿童语言的健康发展,更不利于在实际教育工作中对学前儿童语言的具体指导。

(二)广义的学前儿童语言教育

广义的学前儿童语言教育的研究对象为0—6岁学前儿童所有语言获得的学习现象、规律及对他们的训练和教育,并强调对0—6岁儿童加强听、说、读、写的训练。即使在语言方面有学习障碍的学前儿童,随着科学技术的发展和社会教育观念的进步,也将不同程度地得到语言康复教育。广义的学前儿童语言教育将3岁之前儿童的语言发展也纳入研究范畴,更有利于系统地了解学前儿童语言发生发展的规律。

广义的学前儿童语言教育,其"广义"体现在三个方面。其一,从儿童的年龄范围来看,广义的学前儿童语言教育根据"学前教育就是指从出生到6岁前的儿童教育"这一新的界说,将0—3岁儿童语言的发生发展与教育纳入其中,这将更有利于系统地研究儿童语言发生发展的规律,并有利于为促进儿童语言的发展制订出系统的训练计划。其二,从培养目的来看,广义的学前儿童语言教育着眼于儿童语言运用能力的培养,重视儿童运用语言进行交际的能力。在使儿童积极运用语言认识世界、形成自己的思想的同时,还要致力于促使其接受文化的熏陶。这种语言教育在促进学前儿童语言发展的同时,又可以培养思维、陶冶情操,还可以为其提供人际交往的机会。其三,从培养方式来看,广义的学前儿童语言教育更强调学前儿童语言教育应当在认识世界和社会交往的过程中展开。苏联教育家苏霍姆林斯基认为,大自然是思维和语言的活的源头,儿童在与大自然的互动中获得了智慧、思想,在思考和表达的过程中发展了语言。儿童语言的发展也离不开社会交往,尤其是同伴行为对儿童语言发展起着主要的影响作用,因而要想发展儿童的语言,还应当多为儿童提供与同伴以及成人交往的机会,从发展儿童的社会性入手。总之,儿童语言教育应该在促进学前儿童语言发展的同时,向他们提供培养思维、陶冶情感及人际交往的机会,使儿童积极地运用语言认识世界,在形成自己的思想的同时,也接受文化的熏陶,这对发展和丰富儿童的语言是相当重要的。

二、学前儿童语言教育的理论取向

在学前阶段,儿童的语言需要教师有计划、有目的地进行培养。那应该培养孩子什么样的语言能力?采用什么方式来进行培养?教师在培养的过程中扮演什么样的角色?对这些问题的不同回答形成了不同的学前儿童语言教育的理论取向。

(一)基础技能教学取向

回忆我们学习英语的过程,老师通常是先教字母,后教音标,然后教单词读音,要求背单词、丰富词汇,然后再从简单到复杂地逐步引导我们学习听力理解、口语表达、阅读和写作。这样的一个教学模式就是典型的基础技能教学取向,这种教学取向在学前儿童语言教育中同样存在。

这种教学取向深受行为主义的影响,认为儿童语言能力可以划分为许多小的具体的能力,儿童语言的发展是从部分到整体的过程,儿童知道了一句话中每个字的含义,掌握了语法,就知道了整句话的意思。以阅读为例,这种取向认为在阅读的过程中,儿童需要辨认字词特征,将这些特征与辨识字词联结起来,通过认知单个的字词,进而加工短语、句子、段落和文本,这样才能获得文字(文本)的意义。

在这种取向的教学过程中,教师往往会事先安排好儿童需要学习的语言技能和学习步骤,在教学时教师往往采用直接教学的方式给儿童提供逐步的指导,重视教师的示范和儿童的语言练习,让儿童最终掌握包括基础技能在内的文学作品。

以一首儿歌的教学为例,采用基础技能教学取向的教师会先关注儿歌中的词汇,希望儿童通过学习活动理解词汇意义并朗诵出儿歌。教师会先通过提问引出与儿歌有关的主题,然后让幼儿回忆出儿歌中所要学习的词汇,对这些词汇进行解释。在儿童对词汇了解的基础上,教师呈现儿歌,要求儿童注意找出其中的词汇,然后引导儿童分句对歌词的含义进行学习。最后,教师带领儿童将分句连成段落进行朗诵,从而完成教学活动。

采取这种教学取向的教学活动,其教学目标关注的是儿童具体语言技能的获得。因此其教学内容往往直接聚焦到语言技能上,如强调词汇、叠词、押韵等

来发展儿童的语音意识,突出重复句式培养幼儿的仿编能力,但这些教学内容往往缺乏文学性。在教学过程中,教师对课堂的控制程度较高,儿童主动参与机会少,这种情况下如果教师的教学经验不足,往往就会将教学活动变成"教师读,学生跟读"的机械重复。

(二)全语言教育取向

很多人都有这样的经验:在听汉语的时候,我们并不是一定要每个词都听清楚了才能知道一句话的意思,相反有时听英语,即使一句话的单词都听清楚了,但仍然不知道这句话是什么意思。为此,有研究者认为,语音、词汇等片段的简单相加并不永远等于整体,语言最重要的作用是交流,语言学习的目标是能够通过语言获得信息和掌握意义,而不是掌握拼音、词汇和句子。语言能力好的儿童虽然不能识别句子中的每一个词语,但仍然可以理解内容。语言行为只有发生在有意义的情境当中才可能获得全面发展,语言能力中的阅读、写作、倾听和表达等语言系统与任何一种认知体系(如数学、科学、艺术、体育)在发展过程中都是相互作用、相互支持的,尤其是刚开始学习语言时,这种相互作用、相互支持的特征尤为明显。这种儿童语言教育的观点被称为全语言教育取向。

全语言教育取向的代表人物古德曼(Goodman)认为,全语言教育取向是一种视儿童语言发展和语言学习为整体的教育取向。因此全语言教育取向不是语言教育的一种具体方法,而是一种儿童语言学习的理念,甚至是儿童发展的理念。在这种取向看来,教师需要做的是给儿童提供丰富的语言环境,将听、说、读、写整合在一起。

采用全语言教育取向的教师往往强调语言和文字的意义,字词的发音、词汇的意义以及音位的指导只是全语言教育的一部分而不是全部,也不是儿童语言学习最重要的内容。在这种教育取向的语言教学活动中,教师非常重视给幼儿创设丰富、积极的语言环境,在课程设计时教师关注语言学习中听、说、读、写四种能力的整合。一个语言学习活动应该为幼儿提供听、说、读、写这四种能力学习的机会,同时教师也要关注不同领域学习机会的整合,一个活动内容不仅要给儿童提供语言学习的机会,也要为儿童创造健康、科学、社会和艺术等领域能力发展的契机,课程一般选用的都是儿童感兴趣的、与儿童生活紧密相关的内容。

(三)基于文学作品的教学取向

基于文学作品的教学取向是全语言教育取向在儿童语言教育实践中的一种具体应用。这种教学取向重点强调高质量的文学作品是教学材料的核心,是支持儿童语言发展的关键。在教学过程中教师首先会根据专家或自己的文学水准选择高质量的文学作品(如诗歌、散文、童话故事等);然后在活动中引入文学作品,通过富有表现力和感染力的语言与儿童分享文学作品;教师引导儿童通过讨论、绘画、表演等方式表现自己对文学作品的理解;最后教师引导儿童通过讨论发现自身生活经验与文学作品之间的联系,并表达出自己对文学作品的新理解和感受。

例如在《龟兔赛跑》的故事活动中,持有基于文学作品教学取向的老师会首先提出故事的主要事件"龟兔赛跑",让幼儿预测谁会赢,为什么会赢,引导幼儿对预测和原因进行讨论;然后教师会借助挂图或 PPT 讲述故事,引导幼儿倾听并了解故事内容;在朗读后,教师回到一开始所提出的问题,引导幼儿讨论原因,其间儿童可以以角色扮演、对话等方式来充分理解故事内容,感受人物特征,体会人物心情;最后,教师可以引导幼儿根据自己的理解,通过讲述、绘画等方式改编这个故事或续编这个故事。

基于文学作品教学取向的语言教育活动往往具有以下特征:一是强调文学作品在儿童语言和文学发展中的作用,将文学作品视为儿童语言发展的主要甚至是唯一载体;二是教师经常在班级中给幼儿朗读、分享各类高质量的文学作品;三是教师和儿童经常相互讨论文学作品;四是儿童在班级中有着大量接触(倾听或阅读)优秀文学作品的机会。

(四)平衡化的语言教育取向

基础技能教学取向和全语言教育取向两者在儿童语言发展上均有长处,但也有明显的不足:基础技能教学取向强调听说技能,重视儿童词汇、音位等能力的获得,因此这种教学取向能使儿童在小学阶段的阅读成绩更高;而全语言教育取向关注语言环境对幼儿语言的影响,重视高质量的文学作品在儿童语言学习中的作用,因此,这种教学取向能使儿童阅读兴趣更浓。

平衡化的语言教育取向试图整合基础技能教学取向和全语言教育取向两者的优势,并避免两者之间的冲突和两者的不足。平衡化的语言教育取向认为儿童既需要获得语言材料所承载的语言技能,同时也需要积极建构语言材料的意义,但这种意义的获得不是基础技能教学取向所设定的一个固定程序,而是儿童在自身兴趣、生活经验、认知水平的基础上学习的。

平衡化的语言教育取向认为语言教育活动应关注四种关键的语言能力:口头语言、语音意识、字母表知识和文字意识。这四种能力是预测儿童后期阅读能力高低的最重要因素。教师在平衡化的语言教育取向活动中会有如下表现:教师给儿童提供充满文字的丰富环境;教师呈现并示范阅读和书写活动;教师直接教给儿童表达、阅读和书写的关键能力;教师将语言教育活动和游戏联系起来;教师鼓励儿童进行口头表达、阅读和书写活动;教师开展的语言教育活动与儿童的生活或所遇到的问题直接相关;教师充分利用一日生活的各个环节进行语言教育活动;教师每天给儿童朗读优秀的文学作品,鼓励他们阅读自己熟悉的图画书;教师使用多种方式(观察、谈话等)评估儿童的语言发展水平。

理念是行为的先导,在学前儿童语言教育活动中,许多教师会表现出以上某种取向,但往往不知道这些行为和做法背后的理念,以及对学前儿童语言学习和发展的作用。因此了解学前儿童语言教育的取向,可以帮助我们在实践过程中根据这些理念来分析自己在语言教育中的行为,利用适合的理论指导自己的教育行为,通过提高自己的教育活动质量,促进学前儿童语言的学习和发展。

思考与练习

1. 试述学前儿童语言教育的意义。
2. 试述什么是广义的学前儿童语言教育。
3. 简述几种学前儿童语言教育的理论取向。

第二章 学前儿童语言发展的阶段与特征

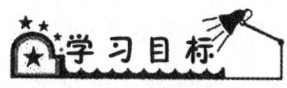

1. 了解儿童语言学习的整体特点。
2. 熟悉学前儿童语音发育发展的阶段性特征,掌握学前儿童语音教育的途径。
3. 熟悉学前儿童词汇发展的阶段性特征,掌握学前儿童词汇教育的方法。
4. 熟悉学前儿童语法发展的阶段性特征,掌握学前儿童语法教育的方法。

第一节 学前儿童语言发展的特点和方式

一、学前儿童语言发展的特点

儿童早期语言获得的原理仍在研究中。到3岁时,儿童已基本掌握了复杂的母语,为以后的语言交流和发展奠定了坚实的基础。虽然3岁以后儿童的语言仍在发展,但前三年的发展对以后的发展起着决定性的作用。通过分析儿童语言获得的过程,可以总结出儿童语言学习的如下几个特点。

(一)社会性

儿童语言发展变化的最重要原因是社会的发展。语言作为一种社会现象,其发展变化必然要受到社会发展变化的影响。作为儿童最重要的交际和思维工具,语言必须适应社会发展所带来的新的交际需要,与社会的发展保持一致。因此语言发生变化是一个必然过程,社会的任何变化都会在语言中反映出来。儿童是社会中的个体,社会生活对其产生的影响是持续的,故而儿童的语言也会随社会生活的发展而持续变化。

(二)连续性和阶段性

学前儿童的语言发展是一个由量变到质变的过程。量变积累到一定程度,会引起质的变化,也就是语言发展的阶段性进展。量变是质变的基础和准备,质变是量变的延续和升华。以幼儿掌握词汇为例:从刚一出生,婴儿就表现出对语音的浓厚兴趣;在其2个月的时候,就可以比较清楚地感知和分辨语音;6个月以后,婴儿能够发出重叠性的双音节词,如"妈妈";10个月以后,婴儿的语言显现出语言交际的主要功能;1岁半以后,儿童的语言开始从语言形式、语言内容和语言运用三个方面得到不同程度的发展,进入了一个新的阶段;3—4岁时,他们已经能基本掌握本民族、本地区语言的全部语音;6岁儿童的词汇量增长了3—4倍,能够掌握3000—4000个词。由此可见,学前儿童的语言发展是一个不断积累又不断突破的过程。所以,我们对学前儿童进行语言教育应遵循其语言发展的连续性和阶段性的特点,既要考虑学前儿童现有的语言发展水平,又要积极创造条件,促进学前儿童语言不断获得质的飞跃。

(三)实践性

对于学前儿童,语言既是交际的工具,也是学习的对象。在不断使用语言的过程中,学前儿童获得了在不同的场合应该使用相应的语言,以及面对不同的人,应该运用不同的语音、语调和表情进行表达的实践经验。一方面,应该促使学前儿童通过对语言长期的、反复的使用,增强语言运用能力。另一方面,也应将语言能力的培养作为学习的目标,家长和幼儿园教师应围绕具体的语言内容,随时随地训练学前儿童的倾听、表述、阅读和书写,在不同的情境下,培养学前儿童灵活地运用语言进行人际交往和情感交流的能力。可见,学前儿童是在学习中不断地增强交际能力,在与他人交往中不断地获得语言知识的。所以,学前儿童语言获得的过程就是一个反复实践的过程。语言作为社会通用的交流手段,受到社会发展的影响,随着社会发展的变化而变化。只有将学前儿童放在社会环境中,不断锻炼其语言运用的能力,才能使学前儿童的语言能力获得发展。

(四)不平衡性

语言发展的不平衡性有两层含义。第一,语言系统内部的各个组成部分的发展是不平衡的,各部分发展的速度不同,有的快,有的慢。其中词汇的变化最快,而语音和语法的发展相对缓慢,例如幼儿会说"微信""网友"这样的词,都源于社会发展以及人们交际的需要。第二,在不同的地域,语言发展速度和发展方向也不一样。同一种语言现象,在一些地区变化,而在另一些地区不发生变化,一些地区可能发生的是另一种变化,其结果是形成地域方言(或社会方言)。例如,南方儿童和北方儿童由于生活地区的不同,在语音、语言内容和语言形式上都有显著的差异。

二、学前儿童语言发展的方式

(一)学前儿童的语言发展是自然成熟的结果

不论哪个国家、哪个民族的儿童,在语言发展上都有着相似的历程和阶段。在出生后的4个月内,儿童对语言的反应都表现为对不同声音的分辨能力,他们尤其喜欢听人的声音;几乎所有正常的儿童都会在10—12个月的时候发出第一个比较清晰、有意义的音;大部分语言中"爸""妈"的发音都差不多;正常儿童在3岁左右的时候都能基本习得本民族的口语,而且在句子结构上都基本相似。

以乔姆斯基等人为代表的语言发展先天论认为,儿童语言的发展是自然成熟的过程,是人类基因自然展开的结果。乔姆斯基认为不同语言之间存在共同的深层语法结构,儿童通过大脑中的语言获得装置(Language Acquisition Device,缩写为LAD)将不同的语法纳入到共同的深层语法结构中,从而获得语言,这个过程是自发、自动的过程。许多研究表明,婴儿期和幼儿期被剥夺语言输入的学前儿童往往只能掌握很小部分的语言。通过对大脑损伤后不同年龄患者语言功能恢复情况的研究也发现,早期大脑损伤的儿童语言功能恢复更快,语言功能水平更高。通过对移民人群第二语言获得的研究发现,越早到达新居住地的儿童,其第二语言能力尤其是语音能力越强。

先天论的观点提示教育者,幼儿语言发展有其自身的阶段和规律,语言教育要符合幼儿语言发展的基本阶段特点,过早地进行语言开发并不利于幼儿语言的发展。因此,《3—6岁儿童学习与发展指南》(以下简称《指南》)中指出"用机械记忆和强化训练的方式让幼儿过早识字不符合其学习特点和接受能力"。在学前阶段过早地对儿童进行识字、写字等机械训练并不科学。

(二)学前儿童通过对他人的模仿来学习语言

当幼儿说出一句不好听的话时,我们往往会想:"是不是父母在家里说过这样的话?"在生活中经常都会听到孩子说出一些影视节目中的话,诸如"羡慕嫉妒恨""别捣鬼"等。我们不禁会提出学前儿童到底是怎么学到这些话的疑问,而这种学习方式在幼儿语言学习中起到了怎样的作用呢?

以斯金纳等人为代表的行为主义者认为语言是通过环境和强化过程获得的,儿童通过模仿他人的话语来学习语言,在儿童的语言学习中,父母、教师、重要同伴、影视等都是其模仿的对象。以婴儿最早学习如何叫出"妈妈"为例,最初婴儿是发出无意义音节的"m",母亲听到这样的声音后,马上就会对婴儿微笑,给她(他)拥抱,婴儿逐渐在"mo"和"微笑、拥抱"之间建立了"行为—强化"的联结,在不断的"行为—强化"过程中,幼儿逐渐掌握了"ma"的发音。在学习"ma"的时候,婴儿对不同的人都会叫"妈",但只有对着母亲喊出"妈"的时候,才会得到实物或精神的强化,其他人不会给婴儿强化,在这个过程中,婴儿逐渐建立"妈妈"和特定对象之间的联结。幼儿不仅通过观察、模仿来学习成人使用的语言内容,同时也学习成人使用语言的方式,因此许多人会发现,幼儿在说话时候的表情和举止似乎都有父母或教师的影子。

幼儿通过观察、模仿来学习语言,发展语言能力,这就提示家长和教师要注意管理幼儿所观看的节目,留意其在移动终端上所玩游戏中的语言,避免在幼儿观看的节目和玩的游戏中出现带有暴力、粗鲁词汇的语言。在日常生活中,家长和教师要给儿童提供正面、规范的语言示范,给儿童树立良好的语言榜样。在幼儿说出一些粗鲁、不恰当的语言后,家长和教师要及时告知幼儿这类语言不被接受和认可,并告诉幼儿如何正确、恰当地表达自己的情绪和意见。

(三)学前儿童在社会交往中学习语言

在生活中,常常可以看见许多妈妈在跟2岁以前的幼儿说话的时候,语速很慢,音调较高,表情比较夸张,幼儿会特别关注妈妈这样的语言,并用动作、表情或一串语音和父母互动,似乎在"聊天";5岁左右的幼儿在与3岁的小伙伴说话的时候使用的词汇、句子、语调和语速往往跟她(他)与成人交谈的时候使用的不同,说明了幼儿面对不同的交往对象能够灵活地使用语言;6岁的幼儿认识了"很"这个字的时候,在街上看见"中国银行""工商银行"会念成"中国很行""工商很行"……

社会交互作用论者认为,儿童的语言是在社会交往中学习和发展的。儿童从一出生的时候就有着与他人交往的需要,期待和别人说话。在最初的交往中,婴儿在清醒的时候,成人使用夸张的音调、简单的词汇、简短并且不断重复的句子与婴儿进行交流,当婴儿发出一个音或一串音后,母亲会根据对婴儿的了解和当时的情景去试图理解婴儿的语言,将婴儿的这些语言理解成"要吃""要拥抱""不舒服",并在给婴儿吃、拥抱的过程中不断地重复这些词;在1岁多的时候,幼儿眼睛看着或手指着哪里,妈妈往往会用语言将这些事物表达或重复出来,在这样的社会交往中幼儿逐渐习得语音和词汇。随着幼儿语言能力的提升,其可以与父母通过问答、指令、重复等方式进行交往,从而进一步获得语言能力的发展。

与儿童语言学习与发展的社会交互作用论者观点相一致,《指南》指出"幼儿的语言能力是在交流和运用的过程中发展起来的。应为幼儿创设自由、宽松的语言交往环境,鼓励和支持幼儿与成人、同伴交流,让幼儿想说、敢说、喜欢说并能得到积极回应。为幼儿提供丰富、适宜的低幼读物,经常和幼儿一起看图书、讲故事,丰富其语言表达能力,培养阅读兴趣和良好的阅读习惯,进一步拓展学习经验"。因此,在日常生活中,教师和家长要为幼儿创设积极的、丰富的语言交往环境,鼓励幼儿与成人和同伴交往。

以上所列举的儿童语言学习与发展的方式,都从某一个方面揭示了学前儿童语言学习与发展的过程,提出这些方式的研究者都有着支持自己研究的证据,但都不能覆盖儿童语言学习与发展的所有现象。儿童语言学习与发展并不只有其中某一种方式,而是多种方式的融合。这就要求教育者要重视学前阶段

在儿童语言发展中的重要性,在尊重学前儿童语言发展规律的同时,要创设适宜的条件,促进学前儿童语言的学习;要重视自身的语言修养,给学前儿童提供良好的语言示范,为学前儿童营造积极的、丰富的语言环境;要特别重视在一日生活、教学活动和游戏活动中与学前儿童积极互动,在提问、反馈、分享、解释等教学过程中促进学前儿童语言能力的发展。

第二节 学前儿童语音的发展与教育

语音是口头语言的载体,是由人类发音器官发出的表达特定语言意义的声音。不带有语言意义的声音,如风雨声、水流声,以及人类发音器官发出的如咳嗽声等的声音都不是语音。一些有约定含义的、非人类发音器官发出的声音,如报时的钟声、集合的哨音以及进军的号角声等也不能称作语音。语言因为有了语音才成为可以被人类感知的东西,人们之间的交流也因此变得更为直接和便利。词汇就是通过声音来表达意义的。当人们彼此进行交流时,听到词的音或音组,就能将这个音或音组同其所指的事物联系起来。同样,当人们看到某个事物时,就把它和固定的音或音组联系起来。即听到一个事物的名称,就能马上想到它指的是哪一种事物,相应地,在看到一种事物时也能正确叫出它的名称。如果想要做到听懂、说对,就要求我们对语音有精确的辨别能力。一个发音上的微小差异,能影响一个词语与其所要表达的对象之间的联系。因此,正确掌握每一个词的发音,对我们理解词汇,辨认、运用词汇都是非常重要的。只有正确掌握语音,才能真正掌握语言这个交际工具。

学前期儿童的语音可塑性是最大的。心理学研究发现,4 岁以上的幼儿一般能掌握本民族的全部语音。3—6 岁的学前儿童,其发音不准的现象越来越少。其中 3—4 岁的学前儿童语音发展最迅速,在 3 岁前后学前儿童的语音发展呈现出不同的发展趋势。3 岁之前,儿童的语音发展呈现扩展的趋势,即儿童从不会发音节清晰的语音,到逐渐能发出越来越多正确的语音。之后,儿童学习语音的趋势逐渐趋向收缩,即儿童在掌握母语的语音后,语音逐渐固定化,再学习其他语言的语音时会出现困难。因此,3 岁之前的儿童相当容易学会世界各民族语言的语音。

推广普通话是我国的语言政策之一。推广普通话的核心任务是解决我国各地区方言的语音差异问题,以便于社会生活中不同地域人们的交流能够更顺畅地进行。为此,要想让儿童学好普通话,尤其是让各地方言区的儿童学好普通话,必须从学前期就开始进行教学。如在学前期学习的是方言,那么以后学习普通话就会出现带有方音的情况。有些地区的方音形成后,再学普通话,方音的痕迹总是存在,年龄越大,这种现象就越明显。所以年龄越小,学习普通话的效果越好。如果有条件,外语教育也可以从小抓起,在学前期就组织适当的双语教育或外语语音学习活动有助于以后对外语的掌握。

一、学前儿童语音发展的特点

学前儿童语音系统的发展可以分为两个阶段,即语音发生发展阶段和语音知觉发展阶段。两个阶段的分界线是儿童说出第一个有意义的、真正的词语。接下来我们将通过具体说明学前期儿童语音系统的发展过程,来进一步了解学前儿童语音发展的特点。

(一)语音发生发展阶段

语音发生需要一个较长的准备过程,这个过程从婴儿呱呱坠地开始,一直到他们说出第一批真正的词时结束。这一准备过程可以分为以下三个阶段。

1.非自控音阶段(出生至20天)

新生儿离开母亲盆腔时的第一声啼哭,是第一次发音,表明了其发音器官已经为以后语音的发生做好了最基本的准备。在这一阶段新生儿的发音以哭声为主,偶尔会有一些咳嗽声和吃奶时的发音等。这些声音绝大多数都是不受新生儿自己控制而发出的声音,因此,可以称为"非自控音"。

例如,观察一个出生20天的女孩,根据其发音记录来看,出现的辅音有7个,元音有5个。较早出现的辅音是发音部位靠后的喉音,接着出现双唇音和喉壁音、小舌音。发音方法有不送气塞音、鼻音、浊擦音、搭嘴音、吸气音。浊辅音多而清辅音少。元音有不圆唇的低元音和发音部位稍高的前元音。

大约在一个星期以后,新生儿的哭叫声可以分化为以下三种。

(1)表示"愤怒"的哭叫声。这种哭叫声出现在需要得不到满足等受挫的情况下,表现为比一般的哭叫声更响亮。

(2) 表示"疼痛"的哭叫声。这种哭叫声表现为哭叫时停顿较短。

(3) 有节奏的哭叫声。这种哭叫声发生在需要帮助的情况下，以及前两者以外的其他情况下。

细心的母亲已经可以辨别这些不同类型的哭叫声。通过我们的观察研究可以了解到新生儿的哭叫声一开始表现为平而尾降，而后，随着哭叫声的分化会出现平、升降两种新的模式。这三种音高形式为将来幼儿在语音学习中语调的发生做了最初的准备。

2. 咕咕声阶段（21 天至 5 个月）

在这一阶段婴儿的声音听辨能力和发音能力都有较大的发展，出现大量的与声音玩耍现象，婴儿开始出现最初的语音模仿和"对话"意识。这些非自控性的发音听起来就好像鸽鸣鸠语，又像是人的咕咕低语，所以称为"咕咕声阶段"。

从辅音上看，这一阶段主要发展的是舌音，特别是出现了舌尖中浊边音"l"和舌尖后的卷舌音"ch"和"sh"。但是，没有出现舌尖前音和舌面音。边音和卷舌塞擦音的出现是这一时期的特点，也是发音上的一大进步，因为这些音是辅音中发音难度最高的。这说明婴儿的舌部这一比较重要的发音器官已经开始灵活起来。

在元音的发展中，除了"ü"和两个舌尖元音之外，汉语所需要的元音都已出现。在这一阶段的前期，元音主要是在上一阶段的基础上向四周蔓延，接着开始发展后元音和圆唇元音，最后连汉语中较难的卷舌元音"er"也发展起来。

婴儿在出生 20 天以后，会出现与声音玩耍的现象，并有了初步的模仿意识。通常在出生 40 天以后，开始出现与成人"咿呀对话"的现象，有时"对话"可长达十几分钟，实现了与成人最初的声音交流。此时婴儿模仿语音的准确性虽然很差，但是尝试模仿的现象有所增加。2 个月以后婴儿的哭叫声明显减少，能在放松的状态下发音，他们的发音已开始与情景发生关系，所以自控音就成了其发音的主要形式。再过 2 个月以后，婴儿的语音模仿能力已大有进展，有许多音听起来似乎就是正确的词音了。伴随着"对话"和模仿，母语对婴儿的影响也就逐步开始了。

3. 牙牙语阶段（5 个月至 1 岁左右）

在 5 个月时，婴儿会把手放在嘴上有节奏地"打哇哇"，发出的音节多为同

音重复。6个月以后,连续发音的节奏感增强了,发音的形式开始变得丰富多彩,而且有许多类似语言的语调出现。此阶段最为显著的发展特点是,婴儿模仿发音的能力大大地提高了。这一阶段在婴儿的牙牙学语中,已有许多音高的变化,与成人的语调颇为相似。有很多发音也像成人语言中的词汇,节奏和声调发展为较为稳定的常见现象,为以后声调的形成打下了基础。10个月以后,一些近乎词的音开始出现,有些父母开始增加同他们的语言交往,重复对某些词语的发音,并要求婴儿反复模仿曾经成功发音的词语。如果说上一阶段父母还只是满足于与孩子的声音交流的话,那么,这一阶段真正的语言教育便开始了,母语的影响也就逐渐加大。

4. 学话阶段(1岁至1岁半)

这一阶段开始的时候,连续音节和类似词的音节都比上一阶段多。吴天敏等记录的一个1岁零7天的婴儿的连续发音音节有:a-ia-ia-ia-ia,a-i-ou,e-ha-ha,ba-bu,en-ia-ia-ia-e,ng-e 等。该婴儿在1岁20天时所发的类似词的音有ba-ba(爸爸)、jia-jia(姐姐)、ma-ma(妈妈)、nie-nie(捏捏)、nai-nai(奶奶)等。随着词音节增多和能说出一些单词,无意义的连续音节就减少了。这是一个由无意义的音节发展到词音的过渡阶段。

5. 积极言语发展阶段(1岁半至6岁)

从1岁半开始幼儿的发音已由单词句、双词句向完整句发展,集中的无意义的发音现象已经开始消失,此时的发音已与幼儿说出的词和句子整合在一起。为了使发出的音携带一定的意义,发音就要受到一定的限制,就要服从于词的需要,由于此时的幼儿发音器官还不成熟,因此在发音时存在着许多语音"错误",这也是学前儿童重要的发音策略。

据研究,英语为母语的儿童中,最常见的发音策略有:删除,如用"top"代替"stop",用"da"代替"dog"等;替代,如用浊辅音代替词首的清辅音,用"b""g"代表"p""k";同化,如将"doggy"发成"doddy"。说汉语的儿童上述三方面的发音策略均存在。

我国学者对这一阶段的学前儿童的发音情况研究较多,概括起来有以下的结论。

(1)发音水平是随着年龄的增长逐步提高的。2岁半至4岁是语音发展的飞跃期,可持续到4岁半,4—5岁儿童的语音进步最明显。如刘兆吉等曾以《汉语拼音方案》中规定的声、韵母来测查3—6岁学前儿童语音的正确率,得到如下数据:4岁儿童声母发音的正确率,城市儿童已达97%,农村儿童已达74%;韵母发音的正确率,城市儿童已达100%,农村儿童已达85%。

(2)儿童发声母比发韵母困难、错误多。学前儿童较难掌握的声母是"z、c、s、zh、ch、sh、r、n、l"。学前儿童对"zh、ch、sh"(舌尖后擦音)、"r"(舌尖后浊擦音)的发音感到困难,"zh、ch、sh"容易与"z、c、s"相混淆。学前儿童容易将后鼻音"eng、ang、ing"发成前鼻音"en、an、in"等。这一特点在整个学前期的各个年龄组中,以及在城市和农村的学前儿童中都得到了体现。研究者认为,3岁学前儿童在辅音发声方面错误较多,其主要原因是没有掌握辅音的发音部位和发音方法。由于3岁幼儿生理上不够成熟,不能恰当地支配发音器官,而辅音的发音要求唇、舌、齿等运用的细微分化,学前儿童发辅音时往往分化不明显,常常取介于两个语音之间的音,如混淆"zh"和"z","ing"和"in"等。

(3)儿童语音发展受到方音的干扰与影响。史慧中等人在对十省市3—6岁儿童的语音调查中发现,儿童跟读成人发音的正确率高于儿童自动发音时的正确率。例如:该研究比较了儿童跟读和背绕口令的情况,发现背绕口令的发音正确率为49.5%,而跟读的正确率为84.7%,研究者认为这种差异是当地语音对发音习惯产生了影响而造成的,方音对学前儿童的正确发音产生了一定的阻碍作用。

(二)语音知觉发展阶段

1.声调知觉的发展

出生后的第一周,婴儿听到一个轻柔的声音便会停止他的哭叫声;出生两周后的婴儿,能把语音从其他声音中区分出来;2—3个月的婴儿对人的声音会给出凝视、微笑或停止哭叫的反应;4个月左右的婴儿能分辨出愤怒和友好的声音,也能分辨熟悉的和陌生的声音。如果婴儿听到声音时不能做出上述反应,就可能是听力受到了损伤,应引起成人的注意,家长应带婴儿及时就医或请教专家。

除了对声音敏感以外,婴儿对声调也非常敏感。大约出生7周后,婴儿就能分辨升调和降调。这说明在婴儿学会辨别词的意义之前,就已学会辨别音调,成人如果用同样的声调说出不同的词,婴儿一般会做出同样的反应。婴儿对词的重音也很敏感,国外心理语言学的研究发现,1—3 岁幼儿在自发言语中很少把词语中的主重音念错。这一情况表明,语音的感知顺序与语音产生的顺序相同。

2. 音位知觉的发展

关于这方面的研究成果主要来自国外。1948 年,苏联心理学家萨那查金用一些儿童不常见的玩具或一些几何图形来做实验。用自然语言里没有的"词"来给这些玩具或几何图形命名,并使这些名字之间只有一个音素的差异,如:bak—mak,mak—nak,ek—ok,ek—mek。主试者先让 10 个月到 2 岁的幼儿学习这些名字,然后分别展示两件玩具或图形,让儿童根据指令来找出玩具或图形,或是进行其他操作。这项耗时 8 个月的实验的结果表明:儿童先区分元音,在元音中首先区分的是[ɑː],然后才能区分前元音和后元音,高元音和低元音;之后是学会区分辅音,辅音的区分顺序是塞音、擦音和鼻音、流音、滑音。

萨那查金之后,卡里科等人也曾做过类似的实验。卡里科给被试的 1—3 岁儿童展示两个玩具人,并分别用自然语言里没有的词来给玩具人命名。两个名字的语音差异,可以只表现为一个区别性特征,如一个叫"bok",一个叫"pok",两者的语音差异只是词首音位的浊与清的不同,[b]是浊辅音,[p]是清辅音;也可以表现为多个特性的差异,如"bok"和"lok",[b]和[l]的差异不仅表现为发音部位不同(一个是双唇音,一个是舌尖前音),也表现为发音方法上的差异(一个是不送气浊塞音,一个是边音)。然后通过指令让幼儿把帽子戴在"bok"的头上,或者是把"pok"放在桌子上。以此来研究儿童对于语音区别性特征的感知。研究表明,较小的幼儿可以正确辨别出"bok"和"lok"这种差异较大的语音,而对于"bok"和"pok"这种仅有清浊对立的语音,要到 2 岁之后才能区分。这些实验虽然结论上有些出入,而且不同的儿童也有个体差异,但是,不同母语儿童的音位知觉似乎表现出基本相同的发展顺序。

3. 语音表象的建立

儿童的语音记忆表象主要是按成人的发音形式来储存的。一些研究者发现,儿童能够识别他们自己还不能发音的词。"fis 现象"是儿童进入语音发展阶段的初期所出现的非常有意义的现象,探讨这种现象,对于研究儿童语言发展中词的语音表象的建立以及从非语言的发音到语音的转化都具有一定的意义。

伯科和布朗发现,一个儿童把他的玩具充气塑料鱼叫作"fis"(正确的发音应是 fish),而当成人故意模仿他的发音也把鱼叫作"fis"时,这个儿童却试图去纠正成人模仿的发音,说"不是 fis,是 fis",反复数次,几乎发火。当成人改口说"fish"时,这个儿童才认可。伯科和布朗将这种现象称为"fis 现象"。"fis 现象"不是一种偶然现象,而是一种普遍现象。有一个出生 407 天的幼儿,把爸爸叫作"wawa"。当他的爸爸要求他叫"wawa"时,他却不知所云;而要求叫"baba"时,他才把目光转向爸爸,但是叫的声音仍然是"wawa"。这说明儿童虽然还不能正确发音,但能知觉到成人发音和自己发音的区别。

"fis"现象表明,儿童听辨语音的能力已有了相当的发展,在大脑中已经建立了许多语元或词语的正确的语音表象,但是由于某种原因,他的发音能力还不健全,从而导致听音和发音的不同步、不匹配。这种现象也表明,儿童在进入单词句阶段以后虽然发音还比较含混,但是与 1 岁前的发音含混有质的区别。

史密斯也曾发现他的儿子凡是[ʃ]音都发成[s]音。如把"shoe"(鞋子)发成"soe"。在英语中没有"soe"这个词,当儿童被问到"soe"是什么意思时,儿童能立即指出鞋子。而在英语中"sip"(呷)和"ship"(船)都是词,当问什么是 sip 时,儿童则回答"当你喝的时候",当再问 ship 是什么意思,并提示是水里的船时,儿童知道是船,但是仍发成"sip"音。这似乎说明,儿童大脑中的语音表象是按照成人的发音形式储存的,成人的发音形式在儿童对词义的辨认中起优先作用。当儿童的发音与成人的发音相一致时,儿童首先反应的是成人的词义。儿童的语音听觉表象与语音的动觉表象之间并不是马上能吻合的,需要不断地实践和调整。这个阶段,成人的语音模式是非常重要的。

上述情况还表明,儿童在说话前就已经开始有顺序地进行了语音的准备,这就要求成人必须掌握儿童语音发展的内在动机和内部程序,再根据儿童自身的发展规律,去引导他们发展,既不能放任自流,也不要做违反规律的事,这样才能更有效地促进儿童语音的发展。

二、影响儿童语音发展的因素

儿童语音的发展受到多种多样因素的影响,归纳起来可将这些因素分为内部因素和外部因素两方面。

(一) 内部因素

影响儿童语音发展的内部因素主要有性别、生理成熟程度、身体健康状况、儿童的气质特点等。

一些学者对学前儿童语音觉知能力进行了大量研究后发现,幼儿的语音觉知能力在6岁之前随年龄增长而增长,且一般女孩强于男孩。当儿童的母语和记忆等认知能力发展到更高水平时,获得非母语的觉知能力也更强,发音更准确,学习外语将更有效。

儿童语音的发展与儿童呼吸系统具有密切的关系。学前儿童呼吸系统发育不够成熟,组织娇嫩,黏膜易破损,呼吸系统极易受到损害,这将严重影响儿童语音的发展。先天发音器官不完善的儿童很难做到发音准确,有的甚至根本不能发音。

除了性别、生理成熟程度、身体健康状况会影响学前儿童语音发展外,气质也将在一定程度上影响儿童语音的发展。心理学将气质(temperament)定义为:气质是表现在心理活动的强度、速度、灵活性与指向性等方面的一种稳定的心理特征。人们通常认为人的气质类型有四种:黏液质、胆汁质、多血质和抑郁质。不同气质的人,对外界刺激的敏感性不同,对语言的接受程度也不同,因此儿童的语音发展进程不一致。

(二) 外部因素

影响儿童语音发展的最重要的外部因素之一是环境。环境更多的是人为的,是可以改变的。环境对儿童语音发展的影响可以从城乡幼儿对语言掌握程度的差别来进行判断。对很多农村幼儿来说,他们的父母文化水平不高,每天忙于工作,他们大多由爷爷奶奶带大,而这一辈的家长大多不会讲普通话,普遍都说方言,并且很多农村幼儿园的教师并没有接受过正规的训练,普通话说得不标准,常常说的是带有方音的普通话,在这样的环境下幼儿的语音觉知便受到影响,他们从小习惯于说方言,接触标准语音的机会较少,长大后的发音自然也会受到影响。对城镇幼儿来说,父母对他们的要求较高,平时父母在和儿童进行语言交流时大多都说普通话,并且幼儿园教师上课也使用标准普通话,这样就使得幼儿从小有一个良好的语言环境,他们对普通话语音的掌握就要准确得多。

除了环境因素外,儿童的膳食也会影响语音的发展。均衡的膳食是发音器官健全生长的保障,要注意不应给儿童吃过于辛辣的食物,以免影响儿童声带的发育。

三、学前儿童语音教育的途径

模仿是儿童进行学习的重要途径,学前儿童语音的发展同样离不开模仿。因此,学前儿童每学一个新的词音以后,都要及时地让他们进行反复练习,以不断发展他们发音器官肌肉组织做细小动作的协调性,发展听觉器官的敏感性,这对小班学前儿童尤其重要。中大班学前儿童虽然在掌握语音方面有了很大进步,但在呼吸的长度和强度方面还需要经常练习,以便能灵活支配自己的呼吸,调节声音的强弱。对于中班后期和大班学前儿童,还需要培养其语言的表现力,这个任务也需要通过经常性的谈话、讲述、朗诵等训练方式来完成。

(一)在日常生活中练习发音

为了使每个学前儿童都能掌握普通话的标准音和语调,运用一些学习形式进行集体练习是必要的,但大量的练习还需要在日常生活中自然地进行。教师应根据本地区和本班学前儿童发音的情况,确定语音练习的重点内容和重点帮助的对象。

日常生活中的练习,应随机地、个别地进行。如有的学前儿童湿(shī)和吃(chī)说不清,教师就可选取恰当时机进行谈话,帮助学前儿童发音,例如对幼儿发问:"你把毛巾放在水里就怎么样了?"学前儿童早晨来园时问:"今天早餐吃的是什么?"找准时机引导学前儿童练习发"湿"和"吃"的音。

(二)开展听说游戏活动学习正确发音

良好的听觉是清晰发音的前提。发展听觉的灵敏度就是发展辨音的能力,发展听觉和发音的听说游戏活动可以培养学前儿童正确的发音能力和听觉注意,提高他们的辨音能力。听说游戏的内容、规则和过程,要根据学前儿童发音的特点来确定。教师在选编这类游戏时,要注意游戏应简单易行,不应把难发的音安排得过于集中,难度太大会降低学前儿童学习的积极性。

为使学前儿童有模仿的榜样,教师不仅可以作为游戏的组织者,有时也可作为游戏的参加者,以正确的发音为学前儿童做示范。在游戏过程中,教师除要组织全班儿童的练习外,还应注重让个别儿童进行单独练习。教师必须注意倾听每个学前儿童的发音,发现错误要及时予以纠正。

(三)利用儿歌、绕口令练习发音

儿歌、绕口令都是有韵律的文学作品,能生动形象地表现一定的内容。它们篇幅短小,便于记忆,同时有助于提高学前儿童练习发音的兴趣。

绕口令又称急口令,它有意识地重复许多相同或近似的词音,可帮助学前儿童区别易混淆的音。绕口令从内容到形式都比较生动、活泼、风趣,很受学前儿童的欢迎。

教绕口令的时候,教师要自己先背熟,使自己的发音准确无误。指导学前儿童学绕口令时,在速度上不宜太快,教师应强调质量,力求每一个音都发准,待学前儿童背熟后,再逐步要求他们加快速度。绕口令主要适合在中、大班进行。

可以让学前儿童练习"h、f"发音的绕口令:

画凤凰

对门有个白粉墙,

白粉墙上画凤凰。

先画一只粉黄粉黄的黄凤凰,

后画一只粉红粉红的红凤凰。

红凤凰看黄凤凰,

黄凤凰看红凤凰。

红凤凰,黄凤凰。

两只都像活凤凰。

可以让学前儿童练习"sh、z"发音的儿歌:

柿子

柿子红,柿子黄,

柿子、柿子甜似糖。

红柿子,树上长,

摘下柿子大家尝。

可以让学前儿童练习"n、l"发音的儿歌:

学捏泥

盘里放着一只梨,

桌上放块橡皮泥,

小丽用泥学捏梨,

眼看着梨,手捏泥。

一会儿捏成一只梨,

比一比,看一看,

真梨假梨差不离。

(四)教师示范与讲解正确、规范的发音

教师在课堂上进行的正确示范是学前儿童掌握语音的基本途径。通过模仿教师的发音,学前儿童不仅能正确感知语音的细微差别,而且还能明确发音部位,掌握发音方法,明白音是怎么发出来的。教师示范时要照顾到学前儿童听和看两个方面,便于他们模仿。

由于发音的部位不同,发音的难度也不同,如唇音,主要是上下唇的活动,比较简单,易被学前儿童看到,利于模仿与掌握。而更多的音,需要舌头的参与,这些音的发音部位不易被学前儿童观察到,动作又比较精细、复杂,所以舌音是学前儿童掌握较慢、不易发准的音。对这一类音就需要教师采用示范和讲解相结合的方法,使学前儿童掌握其发音要领。如"n"和"l"的音发不准时,教师就要向学前儿童讲清楚它们的发音方法有什么不同。发"n"的时候,舌尖翘起抵住上牙床,同时舌尖要向两旁展开,用力把气流堵住,使气流从鼻孔出来。讲解后,可让学前儿童反复地拉长音练习,使其体验气流是否从鼻子里出来。在发"l"音时,舌尖只抵住上牙床中间部分,舌头不向两边舒展,在两旁留出空隙,堵住气流的过路,使气流从舌的两边出来。示范之后,应让学前儿童反复体验练习。对于其他难发的音,也可采取类似的方法或设计其他方法进行教学,帮助学前儿童较快地掌握发音的要领。

第三节 学前儿童词汇的发展与教育

如果说语言系统是一座大厦,那么词语就是这座大厦的砖和瓦。所有的"砖"和"瓦"加在一起,就是我们所说的词汇,所以说词汇是语言的建筑材料。一个人要想很好地掌握语言这一交际工具,必须先积累足够数量的词语,才能明确地表达自己的思想,与别人自如地交谈。婴儿学习语言也是从理解词和说出词开始的。八九个月的婴儿还不会说话,当他们听到成人说"灯"时,就去抬头瞧天花板,这就表明他们已经知道"灯"这个词的含义。1 岁左右的幼儿,刚刚开口说话时,通常只能用单个的词表达自己的意思,如想让妈妈抱,就会伸出双手说"妈妈"或者说"抱抱"。可见,对词的理解、积累和运用是语言能力的重要组成部分。

一、学前儿童词汇发展的特点

词汇发展是儿童语言发展的重要标志之一,儿童的词汇量随着年龄的增长而增长。由于遗传、环境等因素的不同,学前儿童对词汇的掌握存在差异,但总体来说学前儿童词汇的发展具有共同的特点,具体表现在以下几方面。

(一)词汇量的增加

国内外有关学前儿童语言教育的研究表明,3—6 岁儿童掌握的词汇量随着年龄的增加而增加。3—4 岁时词汇量一般在 1600 个左右,4—5 岁时为 2300 个左右,5—6 岁时为 3500 个左右。而这一时期学前儿童的词汇量增长率呈逐年递减趋势,3—4 岁的增长率大约为 50%,4—5 岁的增长率大约为 40%,5—6 岁的增长率为 35% 左右。儿童词汇量发展中可能存在一种特殊的现象——飞跃现象。曾涛在《儿童早期词汇发展中的词汇飞跃现象》一文中阐释了儿童早期词汇发展中的词汇飞跃现象,其内容包括词汇飞跃现象的三类证据,辨别词汇飞跃现象的四种方法以及对词汇飞跃现象的两种解释。文中观点是,词汇飞跃反映了多种特定的语言能力或非语言能力的提高,对词汇飞跃现象的研究有助于检验两种关于类似词语形式向真正词语转变的观点——连续性观点和非连续性观点的科学性。

（二）词类范围的扩大

随着学前儿童词汇量的增加，他们掌握的词类的范围也在逐步扩大。在实际生活中儿童最先掌握的是实词，最后才是虚词。梁卫兰、郝波等人经过研究指出：16个月幼儿平均会说的名词已占名词总量的11%，动词占11%；而16个月的幼儿会说的量词、代词和疑问词不超过2%；19个月以后，幼儿会说的量词和代词比例增加较快；到24个月幼儿会说的量词、代词和疑问词的数量就分别增加到52%、47%和58%，名词和动词分别为71%和75%；30个月时，幼儿平均会说的名词占名词总量的90%，动词占91%，量词、代词和疑问词分别占79%、80%和90%。由此可见，对不同类型的词，学前儿童开始表达的时间和掌握的速度是不一致的。名词是学前儿童最先掌握的类型，大多数儿童会说的第一个词都是名词，比如爸爸、妈妈等，其次是动词、形容词和其他类型的实词，最后他们才掌握意义比较抽象的虚词，整个学前阶段，儿童对虚词的掌握数量都比较少，只占掌握词语总量的10%—20%。

（三）对词义的理解加深

由于知识经验的限制，很多时候学前儿童会说一些词语，但并不能真正理解这些词语的意义。在词义理解方面，儿童通常从掌握部分的、个别的语义向全面地掌握语义方向发展。儿童对词的最初理解是不全面的，只是掌握了词语部分的、个别的语义，出现了对词语理解的"泛化"和"窄化"现象。随着年龄的增长，逐渐向掌握词的全面语义发展。

词义理解的"泛化"指的是学前儿童在理解某些词的时候容易扩大词义的范围。比如：他们看见一切有毛的长着四只脚的东西，包括小猫、小兔等都会叫"狗狗"；看见一切圆的东西，都叫"球球"。这种词义扩张的现象在年龄小的儿童身上经常存在，随着年龄的增加和生活经验及词汇量的不断丰富，这种现象会逐渐减少。词义理解的"窄化"指的是学前儿童在理解某些词时倾向于缩小词义的范围，将词和他最初接触的某个具体事物相联系。如在提到"冰箱"一词时仅仅指儿童自己家里的冰箱，"床"仅仅指儿童自己睡的那张床。儿童词义理解"窄化"的现象是由于他们对词的理解还处在一种混沌的、未分化的状态，必须经过进一步的发展，儿童才能确切地理解词义。

（四）开始有一定的构词能力

随着学前儿童认识能力的发展，他们可以把已经掌握的词拆开，与其他已经熟悉的词重新组合成新词。如可以把"秋天"的"秋"组成秋叶、秋风、秋季、秋雨等词，又可以把"秋天"的"天"组成春天、夏天、冬天、晴天、天空等词。

3—6岁的学前儿童在词汇的学习上，虽然取得了多方面的进展，对各类词都有一定的掌握，对词语的理解也渐渐深刻，但词汇量还是比较贫乏的，对词的概括能力低，理解和使用上也常常发生错误，因此还须加强词汇教育。

二、影响学前儿童词汇发展的因素

学前儿童词汇的发展受个体和环境两个方面因素的影响。

（一）个体因素

章依文、金星明、沈晓明、张锦明等学者经过研究发现，年龄是影响儿童词汇发展的主要因素之一。年龄对儿童词汇发展的影响主要体现为不同年龄阶段的儿童具有不同的认知水平。著名心理学家皮亚杰经过大量研究，将儿童的认知阶段划分为：感知运动阶段、前运算阶段、具体运算阶段和形式运算阶段。其中学前儿童处于前运算阶段，这一阶段的儿童获得了符号能力，处于象征思维阶段。实际上，在象征思维阶段的前一时期，幼儿就已经具备了表象能力，他们能够在头脑中以"内部联结"（用表象模仿所看见的行为）的方式解决问题。在象征思维阶段，幼儿进一步摆脱时空的限制，凭借象征性格式在大脑里进行"表象性思维"。产生象征思维后，在幼儿的游戏活动中逐步会出现"骑大马""开火车""过家家"之类的装扮性游戏。词主要产生于表象模仿阶段和象征思维阶段。此时，幼儿能够根据意义所借（语言符号的能指——词的语音形式）对意义所指的客体或事件加以象征化（语言符号的所指——词的意义）。能指与所指的分化，意味着语言符号能力的萌芽。在以语言符号为工具的象征活动中，能指与所指的联系不存在于客体或事件的本身，而仅存在于主观意识中。从儿童语言发展来看，词是他们在社会生活中与环境交互作用所产生的约定的象征符号。幼儿刚开始使用词时，词对于他们来说还只是语言符号加上一些表象，之后幼儿才逐步发展出凭借语言符号的本身进行语言交际的能力。

（二）环境因素

家庭和幼儿园是影响学前儿童词汇发展的两个主要环境因素。郝波、梁卫兰等为了了解影响儿童词汇发展的因素，采用现况定量研究方法，用多阶段分层不等比例抽样方法选取北京的2个城区抽取样本。用"中文早期语言与沟通发展量表"（CCDI）及个人背景问卷，对北京城区1056名16—30个月正常幼儿的母亲或养护人进行面对面问卷调查。用两样本成组秩和检验比较同年龄不同性别幼儿词汇发展水平，用单因素相关分析和多重回归分析方法对研究结果进行探讨。

研究发现，家庭因素对幼儿词汇发展具有重要影响，多因素分析显示幼儿母亲受教育程度与幼儿词汇发展有关。父母的受教育程度对学前儿童语言表达水平的影响，可能表现在与孩子接触时使用词汇的丰富性、句子的复杂性，以及他们所了解的育儿知识的多寡等方面。父母同儿童语言交流的数量和质量与他们的受教育程度也有一定的关系。

本调查显示除祖父母、外祖父母为主要带养人的幼儿外，母亲与孩子交流机会较多，因此至少在幼儿期，母亲对孩子语言发育的影响更大。经单因素相关分析发现父亲月收入及居住地区人均收入对幼儿词汇发展有影响，父亲月收入越高、居住地区人均收入越高，幼儿词汇得分越高。因此，这一结果从一定程度上说明了家庭社会经济状况对学前儿童词汇发展的影响。父母较年轻的幼儿词汇发展水平相对较高，这可能与年轻父母有较多的精力与孩子玩耍和交流有关。

由于年龄特点限制，学前儿童生活的环境主要包括家庭和幼儿园，幼儿园里幼儿教师普通话的标准程度、词汇的丰富程度及幼儿同伴词汇的掌握状况都会对幼儿的词汇发展产生重要影响，其原因是儿童主要是通过模仿别人和与别人交流而习得词汇的。

三、学前儿童词汇教育的内容与途径

幼儿学习新词的过程是先通过听觉、视觉、触觉等直接感知客观物体，再逐步掌握词义，其对新词的学习贯穿于认识活动的过程中。因此直观性原则是幼儿词汇教育的基本原则。基于此原则，我们对幼儿进行词汇教育的主要途径是在日常生活中丰富幼儿词汇,教幼儿正确理解词义,并引导他们正确用词。

(一)丰富幼儿词汇

扩大词汇量是学前儿童词汇教育的首要任务,根据幼儿这一时期语言发展的规律,应在这一时期不断为其提供大量新词以便于他们理解、记忆和运用。

幼儿获得新词的途径大致有两种:一是在日常生活中,通过与成人或同伴的自然交往而获得,这类词大部分是浅显易懂的,经常活跃在人们口头上的口语词;二是通过成人有意识地教导而获得,这类词大部分是幼儿在自然状态下难以学到的。本节中谈到的词汇,大部分是指通过后一种途径习得的词汇。

幼儿园教育中对不同年龄段(班)的幼儿,应有不同的侧重和要求。对小班幼儿而言,丰富词汇的中心要求是学习运用能理解的常用词;对中班幼儿来说,词汇量要大幅增加,运用的能力也要有明显提高;对大班幼儿,在巩固已掌握词汇的基础上,要大量增加掌握的实词数量,并提高掌握的质量。

日常生活是幼儿学习语言的基本环境,也是丰富幼儿词汇的最主要途径。教师和家长应善于抓住时机进行词汇教学。例如:可以利用穿衣的时间,教会幼儿衣服及其各部分的名称;在与幼儿一同进餐时,可以教会幼儿餐具、主食、副食的名称;在与幼儿一起游戏运动时,可以教会幼儿叫出各种运动的名称等。有时还可在生活中结合实际情况教他们一些新的词。

直接观察既是幼儿认识事物的重要途径,也是幼儿词汇的重要来源。组织幼儿进行观察活动有观察实物和外出参观两种途径。

一是观察实物。这种观察一般是伴随学前儿童的室内活动进行的,观察的对象是实物或模型、玩具、图片等。直接观察应以观察实物为主,非实物观察对象的选择,应注意选择特征明显、样式美观的个体。

在观察前,教师应用生动活泼的语言或其他方式,激发幼儿观察的兴趣。观察前的引导启发活动要以充分调动幼儿的积极性为目的。在观察的过程中,教师应不断通过谈话的方式引导幼儿。教师要善于运用提问题的方法来保持幼儿的观察兴趣,可以通过反复谈论和描述观察对象的方法引起幼儿的注意。教师要提的问题,可以在观察开始时全部提出来,使幼儿的观察更有目的性,也可以边观察边提问。如中、大班在观察冬季人们所穿冬装时,教师开始可以先提出问题:"现在是什么季节呢?大街上的人们都穿上了什么样的衣服?你们穿的都是什么衣服?"接下来可以向幼儿出示观察对象——穿冬装的洋娃娃等,并留给他们自由观察和相互提问的时间。需要幼儿掌握的新词,则应在观察和谈论观察对象的过程中,自然地教给幼儿,活动期间教师要规范自己的用词以起到示范作用。

在观察相似的物体时,可以采用比较法,让幼儿掌握物体的异同,突出观察对象的特征。在小班的教学活动中运用比较法时,一般适合用差异较大的物体,如用小轿车和大卡车比较;而在中班认识新事物的观察活动中,可以用已认识的物体或现象进行比较,如组织幼儿认识无轨电车时,可与已认识的公共汽车进行比较;在大班进行活动时,则应选择差别较小的物体或现象进行比较,如搪瓷制品和塑料制品的比较,有时还可选择两种以上的物体或现象进行比较,如粮食、水果、蔬菜等三类物品比较。这种比较的教学活动能够提高幼儿的思维水平,同时能够促使幼儿掌握说明事物不同特性的词(如粗糙的、光滑的、高的、矮的……)。

二是外出参观。教师可以带领幼儿到园内外一些有教育意义的环境中去参观。参观地点应该选择在幼儿能理解又不影响其身体健康的地方,如公园、博物馆、展览馆、少年宫、图书馆、邮局、小学、商店、街道及著名建筑物等。在农村附近的,可选粮食基地、菜地、果园、养殖场、温室等进行参观。出发前,应组织幼儿进行一次简短的谈话,告诉他们要去看什么、应该怎么看,以及参观时要遵守的规则。准备参观前的谈话要富于启发性,能引起幼儿的兴趣。

在参观过程中,教师要不断用问题引导幼儿进行观察,使幼儿明确先看什么、后看什么,要注意把幼儿的注意力一直集中到观察的主要内容上,不要让与观察内容无关的事情分散幼儿的注意力。在幼儿观察的过程中,教师要善于提问,注意培养每个幼儿大胆表达、正确表达的能力。

参观回来后,还应组织幼儿进行谈话活动,充分练习和运用新学到的词语。当幼儿运用新词有困难,或者使用不恰当时,教师要通过示范或提示来引导幼儿积极使用,或纠正他们不正确的用法。

(二)教幼儿正确理解词义

想要真正地掌握词汇,必须先理解词义,这样才有可能使幼儿正确运用到今后的语言活动中去。

教师在教授幼儿新词时,应尽量做到使词和词所反映的事物同时出现,使幼儿能够将词和事物的具体形象联系起来,这样才能加深幼儿对词义的理解。

如教师可以适时地用"今天天气真热"或"这间屋子真冷"等来解释"冷""热"这类较抽象的词。如果碰到那些幼儿不能直接接触的事物,可以借助视频、录音、图片等媒介作为辅助,帮助他们正确理解词义。比如通过多媒体课件,可以使从未外出旅游的幼儿了解"北京天安门""巴黎卢浮宫"等世界知名景观。

儿童文学作品可以帮助幼儿正确理解词义,教幼儿学习文学作品是帮助幼儿丰富词汇的一条有效途径。儿童文学作品中的语言,是经过作者充分提炼和加工的,具有形象、生动的特点,适合幼儿阅读、理解和接受。利用儿童文学作品帮助幼儿理解词义有多种方法,可以通过故事情节本身使幼儿自然地理解词义,也可以借助图片、玩具、模型等辅助道具,来帮助幼儿理解词义。以故事中"他来到一座高高的荒山之前"为例,"荒山"是新词,而"山"是幼儿早已熟悉的词,这时教师可把"荒山"解释为"没有人去过或没有人管理的山",由此及彼,便于幼儿理解。

复述故事或朗诵韵体作品,是帮助幼儿巩固已经掌握词语的好方法。一段时间内,应确保幼儿能够复述、朗诵一定数量的儿童文学作品。另外,将文学作品中的故事改编成儿童剧来表演,也是一种较好地再现儿童文学作品的形式,同时也可促进幼儿练习新词。

(三)教幼儿正确运用词汇

经过三年的学习与积累,幼儿在进入幼儿园时已经能说出千余个词,但在实际运用时却经常出现一些误用的情况,如将"再见"说成"再过见了"、将"彩电"说成"花电视"等。因此,在对幼儿进行词汇教育时,应教会他们正确运用已理解的词。幼儿教师可采用教学游戏(智力游戏)对幼儿进行词语的巩固训练。

教学游戏比较灵活,既可以在游戏过程中教幼儿新词,又可以使幼儿练习正确地运用已掌握的词语。而且教学游戏符合幼儿的年龄和心理特征,比较容易激起幼儿的学习兴趣。另外,游戏还可激发胆怯和寡言幼儿的参与积极性,为他们提供练习的机会,降低他们学习的难度。

教师在运用教学游戏时,首先要选择合适的或自编的游戏。其次,应将游戏中所需的教具或游戏材料准备好,所准备的教具或材料应形象、美观,并能正确地反映事物特征。在游戏过程中,教师要先调动起幼儿的学习兴趣,同时要求幼儿严格遵守游戏规则,以确保幼儿正确地练习。

在大班,还可以进行纯语言性的教学游戏,即游戏中不出现实物、实物的图片、玩具或其他教具。在进行这类游戏时,提问和回答都应是简明扼要、互相连接的,中间不能出现长时间的停顿。如"木头能做什么?""什么是甜的?""什么是酸的?"这些游戏有的是描述性的游戏,有的是猜谜语、编谜语的游戏,或者是词语接龙。这些游戏应该以学习或运用新词为主要目的,通过玩游戏不仅能使幼儿掌握大量词语,而且也可以训练其思维的敏捷性,激发幼儿的学习兴趣。

除以上几种方式以外,其他类型的语言教育活动,如各种讲述活动、谈话活动都有丰富幼儿词汇的功能,同时也可以使幼儿练习正确运用词汇。例如:进行体育活动时,可以让幼儿掌握有关走、跑、跳、钻、爬等动作的名称;美术活动中,可以教幼儿说出"彩笔""铅笔",各种颜色的名称以及各种与绘画相关的词语;科学活动中,幼儿能够学到大量的有关动物、植物的名称和特征,以及它们所对应的习性及功用方面的词汇;数学及音乐活动中也能相应地掌握很多相关词汇。

事实上,幼儿掌握词汇、学习词汇的途径,并不是孤立的。学前儿童的词汇教育,是需要通过日常生活、游戏、语言教育活动等多种途径共同完成的。

第四节　学前儿童语法的发展与教育

学前儿童掌握大量词语以后,还必须将这些词语按一定的语法规则合乎逻辑地组织起来,才能准确表达自己的意思,达到交际目的。换言之,想要表达自己的思想,理解他人的观点,单靠语音和孤立的词语是无法实现的,只有语句才能真正起到交流作用。

一、学前儿童语法发展的特点

学前儿童语法系统的发展,根据其所学语言的不同和学前儿童学习语言的主客观条件的不同,而表现出不同程度的差异,但是都有基本相同的发展过程和特点。学前儿童语法发展大致呈现以下特点。

(一)从简单句到复合句

最初,学前儿童所说的句子结构是不完整的,在2岁之前,其所说的主要是单词句和双词句。幼儿一开始只能说一些连主谓语也不分的单词句,句子结构混沌不清,例如"狗狗""猫猫"。以后,单词句逐渐分化为只有主谓结构和动宾结构的双词句,如"妈妈抱""坐车车"等。大约2岁以后,幼儿使用的句子结构越来越分明,复合句逐渐出现。复合句的数量和比例随着幼儿年龄的增长而增长。幼儿使用复合句大致有以下几个特点。一是数量少,比例小。学前初期,幼儿使用的复合句在10%以内,随着年龄的增长,复合句的比例也在增长,但5—6岁时,仍然在50%以下。二是结构较为松散,大多是简单词句在意义上的组合,往往省略关联词。三是由于幼儿思维水平的限制,在句型中,联合复句出现较早,偏正复句出现较晚。

(二)从陈述句到非陈述句

从陈述句发展到非陈述句,也是这个时期儿童语法发展的特点之一。儿童最初掌握的是陈述句,在学前阶段,陈述句占60%—70%,是幼儿的基本句型。非陈述句中,疑问句产生较早,疑问句的难易程度随着年龄的增长而变化,所占比例不高于15%,祈使句和感叹句一般都在10%以内。

(三)从无修饰句到修饰句

儿童最初的简单句是没有修饰语的,之后会慢慢出现具有修饰语的句子。据朱曼殊等人的研究:2岁儿童运用的修饰句仅占20%左右;3至3岁半是复杂修饰句数量增长最快的时期,3岁半儿童已达50%以上,这一阶段,幼儿会使用如"大灰狼""小白兔"等修饰句;4岁以后,有修饰的句子开始占优势,如"熊猫有两只黑色的眼睛",到6岁时上升至91.3%。

(四)句子结构逐步严谨且灵活

严格地说,最早出现的单词句和双词句还不是真正的句子,只是一个简单的词语链,没有完整的句子结构。幼儿最初使用的句子不仅简单,而且不完整,漏缺成分或句子成分排列不当等现象经常出现。例如:有的3岁幼儿把"你用筷子吃饭,我用小勺吃"说成"你吃筷子,我吃勺子";把"老师,我要出去",说成"老师出去"。随着年龄的增长,幼儿的句子日趋完整和严谨。

由于认识的局限性和词汇的贫乏,学前儿童最初说出的语句中只有能表明事情的核心词,因此显得内容单调、形式呆板。之后,能稍微加上一些修饰语,使句子的成分变得复杂起来,表现的内容也逐渐丰富,富有感染力了。学前儿童句法结构的发展在4至4岁半之间较为明显,5岁时逐渐完善,6岁时水平显著提高。

(五)从情境性语言到连贯性语言

幼儿在3岁左右时虽然能用词语组成简单的句子来表达自己的意思,但此时他们讲的话多是断断续续的,往往需要结合具体的情境,并使用很多手势和表情来完成。幼儿这种需要听话人边听边猜才能懂得的语言,叫情境性语言。

幼儿到4至5岁时,连贯性语言得到发展。连贯性语言是指句子完整、前后连贯、表述明确,使听者不必考虑当时的情境就能领会幼儿意思的语言。此时幼儿虽能正确运用简单的句子来表述自己的意思或者简单的见闻,也能独立地讲故事,但由于幼儿对关联词语或某些词义不太熟悉,在表述中仍然存在时断时续、用词不当或逻辑混乱的现象。

6岁左右的幼儿语言表达能力有了较大提高,他们的知识经验较为丰富,也掌握了较复杂的语言形式,能用多种复句有感情地描述自己的见闻,不仅可以概括故事或图片的主要意思,还能就他人的发言进行评价或补充。

二、学前儿童语法教育的途径

学前儿童虽然已经能够熟练地说出合乎语法的句子,但并不能把语法当作一种认识对象。他们只是从语言习惯上掌握了它,专门语法知识的学习要到小学才能进行。

学前儿童对语法规则的掌握和获得,主要通过如下几种途径。

(一)对成人言语的模仿

幼儿的语法习得方式主要是对成人或同伴的言语的模仿,这种模仿有三种表现形式。

一是完全性模仿,即幼儿对成人的语言从内容到形式的完全模仿。

二是结构性模仿,即幼儿只是模仿成人话语的结构,而不是原话。例如,成人说"爸爸上班",幼儿学说"爸爸抱我""宝宝吃饭"等。

三是变通性模仿,即幼儿对成人的话语结构进行变通后,自己尝试说出新的句子。幼儿会通过换位、颠倒语序来变通成人的语言,如"妈妈,我饿了"变成"我饿了,妈妈";或者通过添加来扩展语句,如"我想做游戏"变成"我想和小明一起做游戏";还会通过省略、压缩语句来对成人的语言进行变通,如"小敏快快乐乐地跟她妈妈去玩了",变成"小敏去玩了"或"小敏跟妈妈去玩了";等等。

在对成人言语模仿的基础上,幼儿会自发地按照交往情境的需要,遵循成人语言结构的组合规则,自己组织语言来表达。尽管幼儿并不明白具体的语法规则,但是能按一定的规则进行运用,这就要求成人特别是幼儿教师在用语言进行表述时,要做到有声有色、生动活泼、形象鲜明,这样幼儿通过模仿获得的语法才更准确规范。

(二)对文学作品的学习

文学作品是语言运用的典范,为正在学习说话的幼儿提供了成熟的语言样本,是幼儿学习语法规则的重要途径。

文学作品之所以能够成为幼儿学习语法的榜样,一是因为文学作品中语言的句式丰富多样,也更准确和规范,二是因为文学作品的语言较为生动形象,节奏韵律感强,优美动听,符合幼儿的心理特点。因此各年龄阶段的幼儿都十分喜欢文学作品,他们常常不自觉地重复和记忆,并尝试在各种场合运用,这可以反映出幼儿对语法规则的熟悉与掌握程度。

(三)在日常生活中培养幼儿的表达能力

幼儿主要是在实际运用语言的过程中,逐渐学习和掌握语法结构,形成语言习惯的。因此,在日常生活中培养幼儿清楚完整地表达的能力,是幼儿语法教育的最主要途径之一。

教师和家长在教幼儿说话时,首先要教幼儿说完整的句子,让幼儿按固定的语序说话,从而逐步形成语法关系的意识,如幼儿要吃苹果,对妈妈说"妈妈,苹果",成人要帮他把话说完整,教会他说:"妈妈,我要吃苹果。"并让孩子重复一遍。应该让孩子明白,想要知道某事或者得到某物,必须要把话说完整。

其次,要培养孩子的对话能力和独自讲述能力,如讲述自己的经历和见闻。教会幼儿在与别人交流时,做到每一句话都说得连贯通顺。

最后,要求孩子能够逐步围绕一定的主题,完整、清楚、流畅地讲述某一件事情的经过,表达自己的思想。

(四)用游戏的形式提高幼儿表达的积极性

游戏是幼儿最喜欢的活动形式,课内外都可进行且适用于各个年龄班。在游戏中发展幼儿语言,往往能产生事半功倍的效果。例如,最常见的听说游戏,目标就是培养幼儿倾听和表达的能力,每一个听说游戏中都包含着对幼儿语言学习的具体要求,使幼儿在游戏的过程中不知不觉地巩固了已学的语言内容,同时也提高了他们说出完整句的积极性。

(五)用口头造句的形式培养幼儿说完整句

口头造句是培养学前儿童学说完整句的有效形式。实践证明,幼儿园小班是学习完整句的重要阶段,教师经常采用一些易于幼儿理解和接受的词为扩散点来进行造句的训练,既可增加幼儿的知识,又可起到提高口语表达能力的作用。如出示"电"字卡片,请小朋友给"电"字找朋友,并进行"看谁找的朋友多"的游戏,幼儿的积极性便会被充分调动。由"电灯""电话""电影""电脑"到"我家买了一台电脑""妈妈带我看了电影",这种口头造句形式是口语练习最简单的方法,教师应由口头造句开始,逐步引导幼儿用完整的语句表达自己的思想。

思考与练习

1. 试述影响学前儿童词汇发展的因素。
2. 试述学前儿童语音发展的阶段性特征。
3. 试述学前儿童语法教育的主要途径。

第三章 学前儿童语言教学的实施

学习目标

1. 了解《幼儿园教育指导纲要(试行)》和《3—6岁儿童学习与发展指南》中关于学前儿童语言发展和教育的目标。
2. 熟悉学前儿童语言教育活动目标设计的方法。
3. 掌握学前儿童语言教育活动的主要内容和一般方法。

第一节 学前儿童语言教学的目标与内容

一、学前儿童语言教学的目标

教育是有目的、有计划地对受教育者施加影响的社会活动,没有目标的教育活动是不存在的。教育目标是教育实践活动能够顺利实施的第一要素,教育目标的确定往往影响与之密切相关的教育内容和方法的确定,因此,教育目标在教育活动中占有非常重要的地位。

幼儿园语言教育的目标是指通过幼儿园语言教育,幼儿的语言发展所应达到的水平或应该得到的教育结果,它是幼儿园语言教育的出发点和归宿,对幼儿语言的发展具有预测和规范的作用,是衡量幼儿园语言教育效果的评价尺度。幼儿园语言教育的目标是依据社会的要求、幼儿语言发展的规律、幼儿语言学习的特点,以及语言的学科性质而制定的,它是幼儿教育总目标在语言领

域的具体化。

幼儿园语言教育目标具有一定的结构性,在不同的分类标准下,幼儿园语言教育目标有着不同的表现形式。从纵向的角度来看,幼儿园语言教育目标具有一般的层次结构;从横向的角度来看,幼儿园语言教育目标又存在着独特的分类结构。

(一)幼儿园语言教育目标的层次结构

幼儿园语言教育目标一般可以分解为语言教育的总目标、年龄阶段目标和具体活动目标三个层次,下面将对这三个层次目标的相关内容进行简介和阐述。

1. 幼儿园语言教育的总目标

幼儿园语言教育的总目标,是幼儿园语言教育任务和要求的总和,即幼儿园三年语言教育所期望的最终结果。它是确定幼儿园语言教育年龄阶段目标和具体活动目标的依据。教育部于2001年颁布的《幼儿园教育指导纲要(试行)》(以下简称《纲要》),是我国幼儿教育的纲领性文件,其对语言教育提出了总的目标。

《纲要》中语言领域的总目标:

(1)乐于与人交谈,讲话礼貌。

(2)注意倾听对方讲话,能理解日常用语。

(3)能清楚地说出自己想说的事。

(4)喜欢听故事、看图书。

(5)能听懂和会说普通话。

从以上表述中可以看出,《纲要》中所确定的幼儿园语言教育总目标可以划分为四个方面,即倾听、表述、欣赏文学作品和早期阅读,并且表现出以下几个方面的特点。

一是将情感态度的目标放在首位。

二是重视倾听习惯和语言理解能力的培养。

三是重视早期阅读兴趣的培养和优秀文学作品的熏陶。

四是提倡学习普通话,注重口语表达能力的培养。

2. 幼儿园语言教育的年龄阶段目标

幼儿的语言发展在不同的年龄阶段有不同的特点,体现出一定的规律性和阶段性。为了有效地促进幼儿语言的发展,幼儿园语言教育的目标在不同年龄段(班)的幼儿身上应当有不同的体现,这样才能在幼儿教育实践中循序渐进地促进幼儿的语言发展,使幼儿园语言教育的总目标落实到不同年龄阶段的幼儿身上。

在幼儿园语言教育实践过程中,常将幼儿园语言教育的年龄阶段目标按照活动类型分类表述,即分成谈话活动、文学欣赏活动、讲述活动、语言教学游戏、早期阅读活动、英语教育活动等六种主要语言教育活动类型,以便幼教工作者在设计语言教育活动时作为参照指标。本部分内容在后面的章节中将逐一详细阐述,这里不再赘述。

3. 幼儿园语言教育的具体活动目标

幼儿园语言教育的具体活动目标是由托幼机构的教师自己制定的,它是指某一次或某一主题具体的语言教育活动要达到的目的。幼儿园语言教育活动的总目标和年龄阶段目标都必须转化为一个个具体的语言教育活动目标,落实到一个个具体的语言教育活动中,才能真正得到实现。例如,中班听说游戏学说绕口令《鹅和鸽》的活动目标可表述为:

(1)学习"朵""波"和"鸽""鹅"等字的发音,能分清圆唇音和扁唇音。

(2)使幼儿喜欢学说绕口令。

总之,幼儿园语言教育的目标具有明确的层次性,其目标体系由抽象到具体、由统一到多样,具有连续性和递进性,形成了幼儿园语言教育目标的阶梯式结构。

(二)幼儿园语言教育目标的分类结构

幼儿园语言教育目标的分类结构是指教育目标的组合构成,从这个角度来划分,幼儿园语言教育目标可分为倾听、表述、欣赏文学作品和早期阅读四大块。

1. 倾听行为的培养

幼儿倾听行为的培养,其重点应放在对汉语语音、语调的感知和对语义内容的理解上。从孩子出生起到进入小学的六七年间,通过教育逐步帮助他们建立起几种倾听技能:

(1) 有意识倾听,即集中注意的倾听。

(2) 辨析性倾听,即分辨不同内容的倾听。

(3) 理解性倾听,即掌握主要内容、连接上下文意思的倾听。

根据2012年10月教育部印发的《3—6岁儿童学习与发展指南》(以下简称《指南》),学前儿童的语言教育在此阶段应实现使幼儿"认真听并能听懂常用语言"的目标,见表3-1。

表3-1　目标1:认真听并能听懂常用语言

3—4岁	4—5岁	5—6岁
1. 别人对自己说话时能注意听并做出回应 2. 能听懂日常会话	1. 在群体中能有意识地听与自己有关的信息 2. 能结合情境感受到不同语气、语调所表达的不同意思 3. 方言地区和少数民族幼儿能基本听懂普通话	1. 在集体中能注意听老师或其他人讲话 2. 听不懂或有疑问时能主动提问 3. 能结合情境理解一些表示因果、假设等相对复杂的句子

2. 表述行为的培养

表述是幼儿语言学习和语言发展的主要表现之一。幼儿口头表述的表现方式有个人独白、集体讲述、对话交谈等。幼儿正处于逐步掌握口头语言,并向书面语言过渡的时期,在这一特定时期内,幼儿表述能力发展的重点主要为学习正确恰当的口语表达,从语音、语法、语义及语用四个方面掌握母语的表达能力,由简到繁、由短到长地提高语句的表达水平。

根据《指南》的要求,学前儿童的语言教育在此阶段应实现使幼儿"愿意讲话并能清楚地表达"和"具有文明的语言习惯"的目标,见表3-2、表3-3。

表 3-2　目标 2:愿意讲话并能清楚地表达

3—4 岁	4—5 岁	5—6 岁
1. 愿意在熟悉的人面前说话,能大方地与人打招呼 2. 基本会说本民族或本地区的语言 3. 愿意表达自己的需要和想法,必要时能配以手势动作 4. 能口齿清楚地说儿歌、童谣或复述简短的故事	1. 愿意与他人交谈,喜欢谈论自己感兴趣的话题 2. 会说本民族或本地区的语言,基本会说普通话。少数民族聚居地区幼儿会用普通话进行日常会话 3. 能基本完整地讲述自己的所见所闻和经历的事情 4. 讲述比较连贯	1. 愿意与他人讨论问题,敢在众人面前说话 2. 会说本民族或本地区的语言和普通话,发音正确清晰。少数民族聚居地区幼儿基本会说普通话 3. 能有序、连贯、清楚地讲述一件事情 4. 讲述时能使用常见的形容词、同义词等,语言比较生动

表 3-3　目标 3:具有文明的语言习惯

3—4 岁	4—5 岁	5—6 岁
1. 与别人讲话时知道眼睛要看着对方 2. 说话自然,声音大小适中 3. 能在成人的提醒下使用恰当的礼貌用语	1. 别人对自己讲话时能回应 2. 能根据场合调节自己说话声音的大小 3. 能主动使用礼貌用语,不说脏话、粗话	1. 别人讲话时能积极主动地回应 2. 能根据谈话对象和需要,调整说话的语气 3. 懂得按次序轮流讲话,不随意打断别人 4. 能依据所处情境使用恰当的语言。如在别人难过时会用恰当的语言表示安慰

3. 欣赏文学作品行为的培养

　　幼儿文学作品是快乐的文学,其语言形象生动,富有幻想与童趣,感染力强,容易引起幼儿的兴趣和共鸣。它带有口语的特点,却又不同于口语。欣赏文学作品可以使幼儿增强对文字的敏感性,较好地学习和理解文学作品,初步感知不同类型文学作品的特点和构成。

4. 早期阅读行为的培养

早期阅读行为是指幼儿从口头语言向书面语言过渡的前阅读准备和前书写准备,其中包括知道图书和文字的重要性,愿意阅读图书和辨认汉字,掌握一定的阅读和书写的准备技能等。培养幼儿的早期阅读行为主要目的在于激发幼儿阅读的兴趣,养成良好的阅读习惯,掌握早期阅读的有关技能。

根据2012年10月教育部印发的《指南》,学前儿童的语言教育在此阶段应在"阅读与书写准备"方面,实现使幼儿"喜欢听故事、看图书""具有初步的阅读理解能力""具有书面表达的愿望和初步技能"的目标,见表3-4、表3-5、表3-6。

表3-4 目标1:喜欢听故事、看图书

3—4岁	4—5岁	5—6岁
1. 主动要求成人讲故事、读图书 2. 喜欢跟读韵律感强的儿歌、童谣 3. 爱护图书,不乱撕、乱扔	1. 反复看自己喜欢的图书 2. 喜欢把听过的故事或看过的图书讲给别人听 3. 对生活中常见的标识、符号感兴趣,知道它们表示一定的意义	1. 专注地阅读图书 2. 喜欢与他人一起谈论图书和故事的有关内容 3. 对图书和生活情境中的文字符号感兴趣,知道文字表示一定的意义

表3-5 目标2:具有初步的阅读理解能力

3—4岁	4—5岁	5—6岁
1. 能听懂短小的儿歌或故事 2. 会看画面,能根据画面说出图中有什么,发生了什么事等 3. 能理解图书上的文字是和画面对应的,是用来表达画面意义的	1. 能大体讲出所听故事的主要内容 2. 能根据连续画面提供的信息,大致说出故事的情节 3. 能随着作品的展开产生喜悦、担忧等相应的情绪反应,体会作品所表达的情绪情感	1. 能说出所阅读的幼儿文学作品的主要内容 2. 能根据故事的部分情节或图书画面的线索猜想故事情节的发展,或续编、创编故事 3. 对看过的图书、听过的故事能说出自己的看法 4. 能初步感受文学语言的美

表3-6 目标3:具有书面表达的愿望和初步技能

3—4岁	4—5岁	5—6岁
1. 喜欢用涂涂画画表达一定的意思	1. 愿意用图画和符号表达自己的愿望和想法 2. 在成人提醒下,写写画画时姿势正确	1. 愿意用图画和符号表现事物或故事 2. 会正确书写自己的名字 3. 写画时姿势正确

(三)学前儿童语言教育活动的目标设计

《纲要》对幼儿园语言教育的总目标进行了指导,《指南》提出了各年龄阶段的发展水平,这些目标通过众多具体的语言教育活动目标的实现来达成,因此让具体的语言教育活动目标体现出《纲要》《指南》的目标要求非常重要。通过前文对《指南》中各年龄段儿童语言学习与发展目标的内在逻辑和语言能力构成要素的分析,语言教育活动的目标设计可以遵循以下过程。

1. 确定幼儿语言学习与发展的核心经验

《纲要》要求"各领域的内容相互渗透,从不同的角度促进幼儿情感、态度、能力、知识、技能等方面的发展"。在语言教育活动中,幼儿要学习和获得的情感、态度、能力、知识和技能就是幼儿语言学习与发展的核心经验。核心经验是幼儿发展过程中主动获得的必不可少的经验，这些经验在幼儿的经验系统或经验结构中起着节点和支撑的作用，依据这些核心经验，幼儿就能进行新经验的建构、原有经验的迁移，以及对知识的深层理解。语言学习与发展的核心经验使幼儿逐步成为熟练的语言使用者，这些核心经验在前文分析的《指南》中各个年龄段学习与发展的目标部分就有所体现。以"具有文明的语言习惯"这一目标为例，构成这一目标最重要的经验就是"交谈礼仪""语气语调""礼貌用语"，幼儿在这三个方面能够达到相应年龄段的要求，我们就可以认为这个幼儿具备了"文明的语言习惯"。

　　《纲要》和《指南》仍然是从语言构成要素"听、说、读、写"的角度来对幼儿园语言教育活动进行指导的，希望幼儿在经过学前阶段的教育后在"听、说、读、写"四个方面能有相应的表现。但在幼儿园的教育实践中，语言教育活动往往依托于具体的活动内容或活动形式，因此，幼儿在具体的语言教育活动中获得语言学习与发展的核心经验，是实现《指南》中各个年龄段幼儿语言学习与发展目标的保证。幼儿园语言教育活动的类型主要包括谈话活动、讲述活动、诗歌教学活动、散文(诗)教学活动、故事教学活动、图画书阅读活动等，根据各个活动类型的不同特点，其核心经验可归纳如下，见表3-7。

表3-7　不同类型语言教育活动的核心经验

活动类型	核心经验
谈话活动	倾听习惯与能力；交流和表达的规则；谈话策略
讲述活动	讲述内容；讲述结构；讲述语言；讲述情境
诗歌教学活动	词汇；情节；结构；运用与表现；韵律；节奏
散文(诗)教学活动	词汇；情节；结构；运用与表现；想象；意境
故事教学活动	词汇；情节；结构；运用与表现；人物形象；评判性思维
图画书阅读活动	阅读习惯与行为；阅读内容理解与阅读策略；阅读内容的表达与评判

　　在拿到具体的教学材料时，教师应将幼儿学习的语言内容(比如文学作品)所体现的核心经验总结出来，对这些教育内容所承载的核心经验进行深入分析，在制定教学活动目标时，再将这些核心经验体现出来，以促进幼儿语言学习

与发展核心经验的增长。

【案例】

关于散文诗《落叶》的教学目标设计：

落叶

树叶落在地上,小虫爬过来,躺在里面,把它当作屋子。

树叶落在沟里,蚂蚁爬过来,坐在上面,把它当作小船。

树叶落在河里,小鱼游过来,藏在底下,把它当作小伞。

树叶落在院子里,燕子看见了说:"来信了,催我们到南方去了。"

对于该诗,有人以大班幼儿为教学对象,设计出了以下目标：

1. 理解散文诗的内容,激发欣赏散文诗的兴趣,感受作品优美的意境。
2. 能根据原文展开联想,培养幼儿发散性的思维。
3. 激发幼儿热爱自然的情感和关注自然现象的兴趣。

你觉得这些目标恰当吗？如果觉得不恰当,为什么？你会如何修改？

我们从上述案例"关于散文诗《落叶》的教学目标设计"中可以发现,其"激发幼儿热爱自然的情感和关注自然现象的兴趣"的目标,是科学目标而非语言目标,幼儿确实可能在学习了这首散文诗之后表现出对自然的热爱和对自然现象的兴趣,但这却不应该是语言活动中最重要的目标。更科学的做法是,在进行教育活动前,教师先分析出该诗所能提供给幼儿的语言学习与发展机会。以词汇为例,该诗能够给幼儿提供学习"落""爬""游""躺""坐""藏"等动词的机会,以及学习其他相关名词和方位词的机会。这样,通过对诗歌、散文(诗)、故事中类似词汇的不断学习,幼儿才能在5—6岁的时候"感受文学语言的美",以及在讲述活动中"使用常见的形容词、同义词"。

2. 分析幼儿语言学习与发展的表现水平

当教师已经知道每种语言活动类型的核心经验,并且能分析出幼儿所要学习的活动内容所承载的核心经验之后,教师需要做的就是评估幼儿在所确定的核心经验上应该达到的学习与发展水平。仍以上文"散文诗"案例内容为例,当教师确定了幼儿所需要学习的有关"词汇"的核心经验主要是"动词"以后,那对于该诗中的动词,幼儿到底是应该达到"理解",还是"判断"或者是"表现"的水平呢？这种幼儿所要达到的水平,就是语言学习与发展的表现水平。

教师在确定幼儿在相关语言学习核心经验上的预期表现水平时,可从两个方面进行思考。一是参考美国教育心理学家布鲁姆的教育目标分类学理论,其将教学活动所要实现的整体目标分为认知、情感和动作技能三大领域,将认知领域的目标分为识记、理解、运用、分析、综合和评价六个层次,水平从低到高。二是参考《指南》中各个目标下不同年龄阶段的表现中所使用的"动词",从而确定幼儿在核心经验上的表现水平。例如:在"倾听与表达"的目标2"愿意讲话并能清楚地表达"中,对于"本民族的语言",都使用了"会说"这个动词,即在这个核心经验上,儿童的能力是"会说",而不是"听懂";随着年龄的发展,要从3—4岁时的"基本会说"发展到4—5岁时的"会说",体现了表达程度的变化。又如在"阅读与书写准备"的目标2"具有初步的阅读理解能力"中,对于所听到或阅读的故事,3—4岁时要求幼儿能"听懂",4—5岁时候要求幼儿能"大体讲出",而5—6岁时要求幼儿能"说出",这些动词和程度副词就是对幼儿在相应核心经验上表现水平的描述。

因此,当分析出教学活动内容中的核心经验后,就要根据幼儿已有的发展水平和经验确定其在相应核心经验上的可能发展水平,用表现水平进行描述。以案例《落叶》中的"词汇"这一幼儿需要学习和掌握的核心经验为例,当教师分析出幼儿所需要学习的"词汇"核心经验主要是"动词"之后,总结出幼儿对"动词"的理解水平表现在三个方面:一是理解动词的含义,例如知道"藏"是什么意思;二是能够表现出动词所描述的动作,例如能够用身体表现出"藏"的动作;三是能够分析并用动作表现出动词所描述动作背后的形态与情绪,例如用动作表现出小动物在"藏"时的形态与心情。如果教学的对象是中班的幼儿,那么其表现水平可能应设计为第二个水平"表现",即能够用动作来表现相应的动词;如果教学对象是大班的幼儿,其表现水平应定位在第三个水平"分析和表现",即能够分析并表现出这些动作所传递的情绪。

3. 关注幼儿语言学习与发展中的学习品质

学习品质是幼儿在教学活动过程中表现出的积极态度和良好行为倾向,在教育活动的目标范畴中,学习品质的目标是"情感、态度"目标的具体体现。幼儿语言学习与发展中的学习品质主要表现在好奇心、主动性、创造性和评判性四个方面。"好奇心"这一学习品质在语言教育活动目标或幼儿发展水平的描述中主要表现为"喜欢",即在活动过程中表现出积极情绪,体会到活动的愉悦感;"主动性"这一学习品质在语言教育活动目标中主要用"愿意""主动""乐于""专注"等进行描述,即在活动过程中表现为积极交流、大胆表达、能够较长时间保持注意力并乐于参与活动;"创造性"这一学习品质主要表现为能够说出多样化的内容,使用更加丰富、形象化的词语,能够进行文学作品的编构(续编、仿编、创编等);"评判性"这一学习品质主要表现为在活动中有着自己独特的认识,形成自己的想法,能够对他人的想法进行分析和评判。

在语言教育活动目标的设计中,语言学习品质这一要素会通过两种方式来呈现:一是整合在认知或技能目标中,如"敢于表达……",用学习品质来评述幼儿在获得认知或技能过程中的状态;二是将学习品质单独列为一个目标,作为"情感和态度"的目标范畴,如"乐于与同伴交流""能专注地阅读图画书"等。

4. 专业化地表述语言教育活动目标

在分析了语言教育活动中幼儿应学习和掌握的核心经验及其具体表现,明确了幼儿在所选择和确定的核心经验上的表现水平,并且列出了幼儿在语言教育活动中被期待表现出来的语言学习品质之后,在撰写教学活动方案的过程中,教师还需要以专业化的语言来表述所设计的语言教育活动目标。从表述的方式上来说,学前语言教育活动的目标通常采用"行为目标"的方式来表述。行为目标是具体的可操作性的教育目标,它指向教育过程结束后学前儿童所发生的行为变化,常以"学习……""知道……""理解……""区分……""体验……"等方式进行表述。

(1)以幼儿发展为目标导向

学前儿童语言教育目标的行为主体应该是幼儿而不是教师。若写成"教给幼儿……"或"培养幼儿……"都是不妥的,这样,行为的主体就变成了教师而不是学前儿童。因此,在教育活动目标设计中,要注意以幼儿发展为导向,关注幼儿的学习,在表述活动目标时,目标句子的主体应该是幼儿,动词应描述幼儿的行为表现,诸如"理解""掌握""能够""乐意"等。

(2)目标数量以两至三个为宜

幼儿语言学习与发展的核心经验不可能都在一个教学活动中同时实现,而是需要通过系列活动来实现。比如对大班幼儿来说,在学习《落叶》这首散文诗的过程中,他们可以理解动作背后的心情、掌握其中的情节内容以及句子结构,也能够进行想象和仿编,当然也可以初步感受散文诗的意境,但这些核心经验不可能在一个30分钟左右的教学活动中全部达成,因此需要理顺核心经验之间的关系,通过系列活动来帮助幼儿获得应掌握的核心经验。

从活动内容和活动时间的层面考虑,一次教学活动实现两至三个目标是比较现实的,而且这几个目标之间还应有一个承接关系,即后一个目标往往是在前一个目标实现的基础上完成的。倘若片面追求目标"多"而"全",不仅实现起来会有难度,而且就算勉强实现,也会增加幼儿的学习负担,导致教学活动中幼儿出现疲劳和兴趣丧失等情况。

(3) 目标应包括认知、技能和学习品质三个范畴

在语言教育活动中,不仅应让幼儿获得包括认知、技能等在内的语言学习与发展的核心经验,同时也应关注幼儿学习品质的培养,要注意培养幼儿参与语言教育活动的兴趣和主动性,营造积极的语言环境让幼儿想说、敢说、喜欢说。

如果语言教育活动设计三个目标,则一般前两个目标是认知和技能目标,第三个目标是学习品质的目标,即情感和态度的目标。也可以将学习品质目标整合到认知和技能目标当中。

(4) 以表现性目标为表述形式

根据目标的可观察、可评价性,教育活动的目标可以分为普遍性目标、行为目标和表现性目标。普遍性目标往往过于宽泛,难以进行直接的观察和评价;而行为目标有时又过于具体、固定,缺乏幼儿创造性表现的空间;表现性目标因为既有可观察、可评价的特点,同时又关注了幼儿的创造性和个性表现,因此被认为是教育活动目标中的主要类型。

以散文诗《落叶》为例,以大班幼儿为教学对象,设计关于"词汇"中有关"动词"核心经验的目标。有位教师的目标是"感受文学语言的美",这个目标就是一个"普遍性目标",放在任何一个文学作品学习中都可以使用,难以让人知道教师在教学中到底要聚焦什么内容、达成什么目标,在教学活动之后,也让人无从评价这个目标是否达成。有的教师设计成了"能复述并使用散文中的动词",这个目标虽然聚焦到了动词,也有具体的评价方式,但这样的目标往往过于具体,幼儿在活动中缺乏主体性和个性。有位教师根据对散文诗核心经验的分析,结合大班幼儿的认知特点和知识经验,设计出了"能用动作表现出小动物与落叶互动时的形态和心情"这样一个活动目标,就可以让人一下了解到这位教师在教学活动中会聚焦到散文诗中的动词,其目标是使幼儿理解动词表达的形态和心情,而这种理解的具体表现是动作。幼儿对动词所表达的形态和心情

的理解具有个性化的特点,不是整齐划一的,在教学活动中,教师就可以通过观察幼儿的动作来判断幼儿是否已经达到了目标所要求的水平。

结合表现性目标的构成可以发现,要写好一个表现性目标,首先要将幼儿所需要学习和发展的核心经验具体化,其次要确定好幼儿在这个核心经验上的表现水平,最后思考这种表现的条件或情景,最终采用"何种方式+能力水平+学习内容"的形式进行陈述。

二、学前儿童语言教育的内容

学前儿童语言教育的内容是指学前教育机构传授给儿童的语言形式、语言内容、语言运用的总和,即教授给儿童一套特定的语言符号系统,并指导他们学习运用这套符号系统进行交际。学前儿童语言教育的内容是学前儿童学习语言、获得语言经验的载体。

学前儿童语言教育的内容是学前儿童语言教育目标的具体体现,对于能否实现目标至关重要,它解决的是"教什么"的问题,是教育理念和教育实践之间的桥梁。如何选择适合学前儿童发展的语言教育内容,也是学前教育工作者教育观念和教育技巧的具体体现。

(一)选择学前儿童语言教育内容的要求

1.选择的内容要以语言教育目标为依据

事实上,语言教育的目标已经界定了语言教育的内容,并且提示了内容的要点,学前儿童语言教育内容的选择应当以实现其目标为目的,因此,语言教育内容的选择必须以语言教育的目标为依据。例如,语言教育总目标中明确提出"喜欢听故事、看图书"的要求,各年龄班语言教育就应具有为实现这一目标而设置的如文学欣赏活动、早期阅读活动等相应的活动内容。

但是,教育活动目标与相应的活动内容并不是一一对应的关系,一个目标可以通过多种活动内容来体现,反过来,也应最大限度地发挥某一活动内容的功效,使之指向多种目标。

2.选择的内容要符合学前儿童认知发展的特点及语言发展的水平

学前儿童语言教育内容的选择要与学前儿童认知发展的特点和规律相适

应,符合其语言发展的水平。例如,看图讲述活动中的排图讲述、拼图讲述及绘图讲述很受大班儿童欢迎,教育效果突出,但如果将此内容放到小班,活动就将无法开展。

同样的语言教育内容有时会在不同年龄班进行,但其教育目标和对儿童的具体要求就不一样,这体现出教育目标的递进性。此外,学前儿童语言教育内容的选择还应当与教育资源、教师的能力相匹配,否则就难以实施。

3. 选择的内容要具有时代性

环境是影响学前儿童语言发展的重要因素之一。当前社会发展迅速,自然环境和社会环境都有了很大变化,我们在选择语言教育内容时,应体现一定的时代特点,并和学前儿童当前生活紧密结合。例如:目前通信方式逐步现代化,有必要让儿童了解和掌握拨打移动电话等方面的粗浅知识和简单技能,应该使幼儿能记住父母等最亲近的人的电话号码,知道如何拨打110、120、119等电话,知道哪些情况下应及时求助,该怎样表述,知道打电话时的基本礼貌用语等。

(二)学前儿童语言教育活动的主要内容

学前儿童语言教育的主要内容可以分为专门的语言教育内容和渗透的语言教育内容两大类。

1. 专门的语言教育内容

(1)学说普通话

在通常的情况下,很多学前儿童已能用方言进行日常交往,但其发音和语调与普通话存在或多或少的差异,因此普通话是学前儿童语言学习的内容之一。

①以普通话语音为标准,对方言与普通话的发音和声调有差别的字词,进行重点的辨音和发音训练。

②区别普通话与方言相同意思的不同表述,学习规范的普通话。

③独立运用普通话交谈,回答问题,朗诵诗歌、散文和讲述故事等。

(2)谈话

谈话是人与人之间运用问答、对话的语言手段进行交往的一种基本能力,包括个别交谈和集体交谈两种。学前儿童运用语言与人交往是从交谈开始的,因此想要发展学前儿童正确运用语言交往的能力,达到学前儿童语言发展的相应目标,就必须让幼儿学习"谈话"。

①个别交谈。个别交谈的内容:学前儿童能主动发起谈话,与别人进行交谈时能够尽量清楚、完整地表述自己的意思;交谈中学前儿童能集中注意倾听别人说的话,对别人的话能提出询问或做出积极的应答;懂得交谈中要听说轮换,耐心有礼貌地把谈话延续下去。

②集体交谈。集体交谈的内容:学前儿童在自由活动或游戏活动中,能积极参与到两个人以上的交谈中,根据需要发表自己的意见;在集体活动中倾听和理解教师的提问,并做出相应的回答;能够注意倾听同伴在集体中的发言,及时做出更正或修补谈话。

(3)讲述

讲述运用的是比较连贯的独白语言,要求语言内容比较丰富,语句结构完整,语言比较连贯,内容前后一致。这对学前儿童来说具有一定的难度。要达到语言教育目标中有关讲述能力的目标,必须根据学前儿童年龄特点,选择多种讲述内容,通过多种方式的训练,发展其讲述能力。

①实物讲述或图片讲述。即用几句话来描述事物的外形、性质和习性、用途或使用方法,或者是讲述单幅或多幅图片中人物的外貌、表情、姿态、动作等。

②拼图讲述和情景讲述。即讲述拼出的图片或情景表演中的人物、事件、对话、动作、心理活动等。

③经验讲述:讲述自己亲身经历过或间接知道的人、事、物。

(4)早期阅读

早期阅读是学前儿童由口头语言向书面语言过渡,理解口语与文字之间关系的重要经验。从语言教育角度来看,图书是学前儿童从理解图画符号到文字符号,从学习口头语言向书面语言过渡的有效工具。早期阅读对学前儿童顺利完成两个过渡起着举足轻重的作用。其内容包括以下几方面。

①掌握翻阅图书的基本技能。

②注意看着画面听成人讲解,并回答成人的提问。

③成人朗读图书中的文字,儿童边看边听。

④能对单幅画面进行讲述,并会根据画面内容进行适当的扩句或缩句。

⑤养成喜欢阅读和爱护图书的良好习惯。

⑥运用绘画或剪贴等手段制作图书,并能自编文字说明。

(5)文学作品学习

幼儿文学作品包括童话、幼儿生活故事、儿歌、儿童诗、散文、谜语等,它们具有丰富的语言和生动有趣的情节,作品中人物个性鲜明,主题富有哲理,深受学前儿童喜爱。文学作品学习的内容可以分为聆听与感受、朗诵与表演、仿编与创编三个方面。

①聆听与感受文学作品。集中注意地倾听成人朗读文学作品,感受文学作品的语言、情节,人物的情态、对话等,感受作品的思想感情脉络和特殊的表现方式。

②朗诵与表演文学作品。跟随成人朗诵文学作品,并借助道具扮演角色,用动作、表情、对话等来表演文学作品的内容。

③仿编与创编文学作品。仿编儿歌、儿童诗、散文、谜语等,并根据家长或教师所创设的条件以及提供的材料创编文学作品。

2. 渗透的语言教育内容

语言作为交际工具、思维工具、学习工具和教育工具,无时无刻不渗透在幼儿所参与的各项活动中。因此,学前儿童的语言在各项活动中都能得到不同程度、不同方面的发展。

教师必须重视在各项活动中发挥语言的功能,将语言教育贯穿于其他活动中,从而促进学前儿童语言的发展。

(1)日常生活

①在集体和个别场合中,倾听并理解教师关于遵守行为规则的讲述内容,以此指导自己的行为。

②在掌握行为规则的基础上,学习用语言评价自己和同伴的行为。

③理解教师的指令,并会执行指令。

④在他人面前大胆地讲述自己的见闻。

(2)人际交往

①正确使用礼貌用语。

②用语言向他人提出请求或表达愿望。

③用适当的词、句和语气与同伴进行讨论或辩论,调解同伴之间的纠纷等。

（3）游戏活动

①游戏时与同伴进行随意交谈或结合游戏自言自语。

②同伴之间会用语言进行协商、讨论与合作。

③用连贯性语言评价游戏的规则执行情况，对游戏进行小结。

（4）学习活动

①在认识活动中，提出问题和解答问题。

②在讲述活动中，能讲述所观察到的事物和现象。

③在集体活动中能较长时间地倾听教师对各种学习内容的讲解和指导，理解学习内容。

④能用语言表述对认知内容和认知过程的感受和认识。

第二节　学前儿童语言教学的原则与方法

一、学前儿童语言教学的原则

（一）促进语言发展原则

苏联心理学家维果斯基主张教学应当先了解儿童的实际发展水平和可能达到的水平，以确定儿童的最近发展区。教学应当走在儿童现有水平的前面，从而带动儿童的发展，即教学应着眼于儿童的最近发展区。

因此，开展学前儿童语言教育活动，既要符合学前儿童现有的语言水平，又要着眼于学前儿童语言发展的长远目标，要符合学前儿童语言发展的需要。

在贯彻这一原则时，教师应注意以下几点。

第一，了解语言教育领域的目标。

第二，按照学前儿童语言发展的规律设计活动。

第三，明确语言教育活动的落脚点是学前儿童的语言发展。

语言教育活动形式多样、内容丰富，但不论教师选择哪一类型的语言教育活动，在指导思想上都要明确，促进学前儿童的语言发展是语言教育活动的落脚点，不能搞成花架子，表面上轰轰烈烈，实际上没有使学前儿童的语言得到发展。

（二）积极活动原则

由于心理发展水平和认知能力的限制,学前儿童不可能像成人那样,借助人类已有的实践经验来获得知识、发展自己,他们必须通过自己的主动活动才能获得对外界的清晰印象,并将这些印象积累起来形成知识和能力。学前儿童语言的发展也遵循着同样的规律——既需要外部的帮助,又是一个主动发展的过程。所以,在贯彻这一原则时,教师应注意以下几点。

第一,激发学前儿童活动的动机。

第二,明确活动的对象。学前儿童的语言活动,都要指向一定的对象。活动对象的不同也导致了活动之间的差别。例如,一些教师容易将语言教育中的谈话活动和科学教育中观察活动后的谈话混淆,这是因为教师没有明确这两类活动的对象:一个是话题,另一个是有关的知识概括。

第三,重视学前儿童在活动中的操作。教师要充分创造语言操作的条件,使学前儿童在主动操作中习得并巩固语言。

（三）示范与练习相结合原则

学前儿童学习语言,尤其是学习规范的语言,通常使用的是模仿的方法。对学前儿童来说,教师和家长的示范是其进行语言模仿的基础。要使学前儿童牢固掌握和灵活运用教师和家长为他们示范的语言,就要提供机会让他们反复练习。因此,在组织语言教育活动时,必须坚持成人示范与学前儿童练习相结合的原则。贯彻这一原则,应注意以下两点。

1. 示范时不要限制学前儿童的想象和思维

在语言教育活动中,大部分类型的活动都专门设置了教师示范这一步骤。教师在做示范时,注意不要让学前儿童生硬地套用教师的语句,不要限制学前儿童的想象和思维,要鼓励学前儿童在模仿的基础上大胆创新,鼓励他们说出不同于教师的语句及叙述程序。

2. 注意运用隐性示范

在一般的教育过程中,教师的示范大多为显性示范。对于学前儿童语言教育来说,单纯运用显性示范显得有些单调和枯燥,而且要求学前儿童较长时间地集中注意力,也不符合其心理特点。因此,在组织语言教育活动时,教师既要充分发挥显性示范的作用,又要巧妙地运用隐性示范。在活动过程中,要以一个参与者的身份与学前儿童平等地进行交流,主导活动的方向和进程,通过种种暗示和互动来给学前儿童示范。

(四)自由与规范相统一原则

语言教育活动本身是一种学习语言规范的过程,这就要求学前儿童在规范的情景中接受规范的语言,练习规范的语言,学习用规范的语言进行交际。然而,教育的目的之一是让儿童的个性得到自由发展,在自由中去创造,所以,在贯彻这一原则时,教师应注意以下两点。

1. 为学前儿童提供自由说话的机会

无论是哪一类型的语言活动,在学前儿童获得新的语言经验之前,教师都要为学前儿童提供一定的时间和空间,让他们运用已有的语言经验自由地交谈,自由地表达自己的观点和愿望。在学前儿童获得了新的语言经验之后,也要允许他们在一定规范的指导下自由练习所习得的新语言经验。在语言教育活动过程中,教师不要刻板地按照事先设计的教案来开展活动,应充分利用教育机智,创造让学前儿童自由说话的机会。

2. 引导学前儿童养成运用规范语言的习惯

学前儿童语言教育的目的是使学前儿童习得规范的语言,并且要在反复的练习和运用中养成规范地使用语言的习惯。因此,教师在组织语言教育活动时,不仅要为学前儿童做出规范语言的示范,在语言形式、语言内容和语言运用方面,教师也要对学前儿童提出规范的要求,引导他们从小养成运用规范语言的习惯。

(五)经常化与多样化原则

学前儿童语言教育的内容与学前儿童日常生活紧密相连,很多内容不可能通过一次教学活动完成,而且语言教育活动的内容本身就是丰富多彩的。所以,在贯彻这一原则时,教师应注意以下两点。

1. 注意语言的渗透与随机教育

学前儿童语言教育活动应融入学前儿童每日的活动之中，渗透到学前儿童生活的每个环节之中，注意随机教育和个别教育，反复进行，坚持不懈。

2. 灵活运用多种教育途径、组织形式和方法

任何一种教育途径、组织形式和方法都有其自身的特点，有其不可替代的作用，想仅仅用一种途径、一种组织形式和方法来实现学前儿童语言教育的所有目标是不可能的。同时，由于学前儿童的身心特点，他们对新鲜的事物特别好奇、有兴趣，多种多样的活动形式才更能吸引学前儿童。所以，学前儿童的语言教育活动应灵活运用多种途径，通过多样的组织形式和方法来进行。

（六）教育协同与整合原则

《纲要》指出："幼儿园应与家庭、社区密切合作，与小学相互衔接，综合利用各种教育资源，共同为幼儿的发展创造良好的条件。"《指南》也明确提出："关注幼儿学习与发展的整体性。儿童的发展是一个整体，要注重领域之间、目标之间的相互渗透和整合，促进幼儿身心全面协调发展，而不应片面追求某一方面或几方面的发展。"所以，在贯彻这一原则时，教师应注意以下两点。

1. 注意与家庭、社会的语言教育协同一致

就学前儿童语言教育而言，取得家庭、社区的积极配合尤为重要。因为学前儿童语言教育的内容与家庭、社会生活的内容密切相关，如果学前儿童语言教育与家庭、社会的语言教育协同一致，就会得到事半功倍的效果，否则来自任何一方的消极影响都可能抵消学前儿童语言教育的积极作用。

2. 注意与其他领域的整合和渗透

一方面，语言的价值和学前儿童语言发展的特点决定了学前儿童在进行任何领域的活动时都离不开语言，因此，语言领域与其他领域的整合和渗透是很有必要的；另一方面，各领域的教育活动也可以起到帮助实现学前儿童语言领域某些教育目标的作用。

（七）面向全体与因材施教原则

由于个体的遗传因素和环境条件的不同,学前儿童的语言无论是发展速度还是发展水平都存在着较大的个体差异。《指南》明确要求:"尊重幼儿发展的个体差异。幼儿的发展是一个持续、渐进的过程,同时也表现出一定的阶段性特征。每个幼儿在沿着相似进程发展的过程中,各自的发展速度和到达某一水平的时间不完全相同。要充分理解和尊重幼儿发展进程中的个别差异,支持和引导他们从原有水平向更高水平发展,按照自身的速度和方式到达《指南》所呈现的发展'阶梯',切忌用一把'尺子'衡量所有幼儿。"

面向全体与因材施教的原则就是指学前儿童语言教育应根据每个学前儿童的特点进行教育,使每个学前儿童都能在原有的语言基础上得到较快的发展,在确定语言发展目标时,应因人而异,不强求一致。

二、学前儿童语言教学的方法

学前儿童语言教学的方法,实质上是成人为发展学前儿童的语言创设条件和提供机会,让他们参与各种丰富多彩的活动,在与人、物、环境、材料等交互作用的过程中,学习语言,发展语言。

学前儿童语言教育方法是根据学前儿童语言发展的理论、学前儿童学习语言的规律、语言教育的目标,以及多年来学前儿童语言教育实践经验综合归纳出来的。一般的方法有:示范模仿法、视听讲做结合法、游戏法、表演法、练习法等。

（一）示范模仿法

示范模仿法是指教师通过自身的规范化语言,为幼儿提供语言学习的样板,让幼儿始终在良好的语言环境中自然地模仿学习。在教学活动中,有时也可由语言发展较好的幼儿来示范。

1. 教师的示范语言一定要规范到位

教师的示范语言包括语言形式、语言内容、语言运用三个方面,教师无论在何时、何地都要使用规范的语言,这样才能为幼儿创设良好的语言环境,成为幼儿模仿学习的典范。教师的语言示范必须正确、清楚、响亮到位,而且富于表现力和感染力。

2. 教师要把握好示范的时机和力度

语言教育中新的、幼儿不易掌握的学习内容,教师要反复地重点示范,如难发的音、新学习的词、人物的对话、需要幼儿作为仿编参照的原词句等,使幼儿有意识地进行模仿学习。

3. 教师要恰当地运用"显性示范"和"隐性示范"的手段

语言教育中教师要协调好"显性示范"和"隐性示范"这两种手段的运用。教授教学重点和难点问题时,应依据幼儿语言发展的水平和特点恰当地选用不同的示范方法。

4. 教师要积极观察幼儿的语言表现,妥善运用强化原则

教师要关注幼儿在各种活动中的语言表现,善于发现幼儿语言发展的差异,因材施教。要随时鼓励幼儿正确的语言行为和习惯并加以强化,可以让他们做示范者,为同伴提供模仿学习的样板;也要及时地指出错误,不要重复幼儿不正确的语言,避免误导幼儿。但也不要在幼儿讲述过程中频繁打断他们;不要过于挑剔,以免降低幼儿学习的积极性。

(二)视听讲做结合法

这种方法是依据"直观法"和"操作法"结合幼儿语言学习的特殊性而提出来的。

视:指教师提供具体形象的语言教育辅助材料,让幼儿充分地感知。

听:指教师用语言进行描述、启发、引导、暗示、示范等,让幼儿充分地感知。

讲:指幼儿在感知、理解的基础上,充分地表述个人的认识。

做:指教师给幼儿提供一定的想象空间,使幼儿亲自参与或独立活动与操作,幼儿经过充分的构思,能使用更加丰富、连贯、完整、富有创造性的语言进行表述。

以上四个方面必须有机地结合,"视""听"的内容由教师提供而后转化为幼儿的认识,最终通过幼儿主动地"讲"和"做"反映出来。"视""听""做"都是为"讲"服务的,在"讲"的过程中,促进幼儿语言能力的发展。

运用这种方法时应注意:

第一,教师所提供的语言教育辅助材料,应该是幼儿接触过的,较熟悉的或符合幼儿认识特点的。

第二,教会幼儿观察讲述的方法,给幼儿留出一定的观察空间和时间。

第三,教师的提问要有顺序性、启发性,帮助幼儿构思与表述。

第四,根据幼儿的实际语言水平,提出不同的表述要求,要求幼儿在动手、动脑、动口的学习中获得语言经验。

(三)游戏法

游戏法是指教师运用有规则的游戏,训练幼儿的发音,丰富幼儿词汇和句式的一种方法。

游戏是符合幼儿年龄特点的活动,运用游戏法进行教育是幼儿语言教育的特点。其目的在于提高幼儿的学习兴趣,集中幼儿的注意力,促进幼儿大脑的积极活动。

运用这种方法时应注意:

第一,要根据幼儿语言教育目标和内容选择来编制游戏。目标要明确,规则要具体,便于幼儿理解,最终才能达到训练幼儿语言能力的目的。

第二,听说游戏有的需要配合使用教具来进行,有的是纯语言性的游戏,随着幼儿年龄的增长,教师应逐渐减少直观材料的使用。

第三,对于个别语言学习有困难的幼儿,可运用游戏法进行重点帮助,在轻松、愉快、有趣的活动中对他们进行语言的强化训练。

(四)表演法

表演法是指在教师的指导下,幼儿将文学作品表演出来以提高口语表现力的一种方法。

运用这种方法时应注意:

第一,教师必须在幼儿理解诗歌、散文、绕口令等内容,并能熟练朗读的基础上,再指导幼儿正确地运用声调、韵律、节奏、速度等进行朗诵和表演。

第二,教师必须在幼儿理解童话故事内容、熟悉人物对话、明确角色心理的基础上,再指导幼儿正确地运用语言、动作、表情等来进行表演和角色再现。

第三,应鼓励幼儿在故事表演中创新内容和增加对话,大胆地发展故事情节,恰当地进行动作设计和人物的心理刻画。

第四,要为全体幼儿提供参与表演的机会。

(五)练习法

练习法是指有意识地让幼儿多次练习使用同一个语言因素(如语音、词汇、句子等)或某方面技能技巧的一种方法。在幼儿语言教育中,应大量做口头练习。

运用这种方法时应注意:

第一,明确练习的要求,并逐步提高要求。

第二,要求幼儿在理解内容的基础上,进行具有一定创新性的练习,避免简单、枯燥地重复。

第三,练习方式应生动活泼、形式多样,以调动幼儿练习的兴趣。

以上的几种方法只是比较常见的学前儿童语言教育方法,教师在实际的教学实践中,还需根据幼儿园的具体条件及本班学前儿童语言学习的特点和实际水平,选择和创造更为恰当的教学方法,有的放矢地进行语言教育。有时在实践中,各种教学方法还可以互相配合、互相补充,共同促进学前儿童语言的发展,达到最佳的教育效果。

思考与练习

1. 教育部于2001年颁布的《幼儿园教育指导纲要(试行)》中,对语言教育提出的总目标具体是哪五条?

2. 学前儿童语言教育中专门的语言教育内容具体有哪几项?

3. 试述学前儿童语言教育实施的原则和方法。

第四章
学前儿童谈话活动

学习目标

1. 了解谈话活动的概念、特点及对幼儿发展的意义。
2. 理解谈话活动的语言教学目标。
3. 熟悉和掌握谈话活动的组织环节、基本方法。

谈话是指两个或两个以上的人就某一主题进行的交谈,是人们最常使用的语言运用形式之一,也是学前儿童交流能力发展的重要途径。谈话能力是学前儿童口头语言能力的重要组成部分,良好的谈话能力是学前儿童语言能力的重要表现。《3—6岁儿童学习与发展指南》(以下简称《指南》)明确提出"幼儿的语言能力是在交流和运用的过程中发展起来的",这就要求我们学习研究《指南》的新理念、新观点,在掌握谈话活动的特点、目标及内容要求的基础上,组织设计谈话活动。

第一节 谈话活动概述

一、谈话活动概述

(一)谈话活动的概念

学前儿童谈话活动是由教师组织幼儿就一定的话题进行的有目的、有计划的交流活动,这项活动可以使幼儿学习交谈规则,培养其倾听和说话的能力。

通过组织幼儿进行谈话活动,可以培养其与人交谈时讲话礼貌、注意倾听的良好品质,使幼儿能理解日常用语并清楚地说出自己想说的话,能听懂和会说普通话。因此,组织幼儿进行谈话活动对幼儿的语言发展和全面发展都有着重要意义。

学前儿童谈话活动是帮助幼儿学习在一定范围内运用语言与他人进行交流的活动。与其他各种类型的语言教育活动相比,谈话活动可以发展幼儿各方面的能力,在谈话活动中幼儿能表达自己最基本的观点。通过谈话,教师能了解不同阶段幼儿的语言发展情况,从而为幼儿的语言发展提供个别指导,同时也能了解幼儿的发音情况、词汇的掌握情况,以及语言表达能力的发展情况。

(二)幼儿谈话中的语言要素

一个完整的谈话过程,包含着谈话的传递、谈话的导向和谈话的推进等语言要素,每个过程中又涉及若干个要素,其中较为关键的是谈话的发起、谈话中的应答与轮换、谈话主题的深入与转换、谈话的总结与结束等语言要素,这些语言要素都是儿童在口头语言发展过程中要逐渐学习和获得的。一般来说学前儿童的谈话活动具有以下几个特征。

1. 有趣的中心话题

首先,要确立一个中心话题,要求大部分幼儿都要有与话题相关的经历,如节假日的所见所闻、旅游过程中的奇闻逸事、日常生活中的点滴趣事,但是围绕这个主题,每个幼儿又有着各自独特的经历、见解和看法,使他们在谈话中能有话可说。其次,中心话题还应该是有趣的,主要表现为所谈论的话题是幼儿感兴趣的事情,如春节时父母送的礼物、暑假旅行的见闻、最喜欢的玩具等。最后,中心话题还应该是儿童共同关注的,如热播的电影电视剧,幼儿园刚刚发生的事情,大家一起看过的图画书,等等。

2. 多方的信息交流

在一个氛围和谐的谈话情境中,无论何种形式的谈话,每个人每次说话的时间都不会很长。在幼儿讲出一个事情、说出一个观点、提出一个问题后,很快就会有其他幼儿进行回应或反驳,因此在谈话中幼儿之间会有多方、多回合的信息交流。通过这种交流,幼儿可以互相启发和模仿,开阔思路,真正从内心感受到交谈的乐趣。

3. 轻松自由的谈话氛围

这种轻松自由的谈话氛围一般表现为"童言无忌",无论是幼儿与父母、教师等成人的谈话,还是幼儿之间的讨论都不太会受权威的影响,谈话活动一般没有"统一"的标准,因此幼儿在谈话中更愿意表达。比如在一起阅读完《三个强盗》这本图画书后,针对"这三个强盗,到底是好人还是坏人"这个问题,有的小朋友会说这三个强盗是坏人,因为他们抢别人东西,有的小朋友就会反驳,认为他们后来很喜欢小朋友,所以是好人。在这种没有"对错"和统一标准的氛围中,幼儿往往能更充分地交流和表达。

二、不同阶段学前儿童谈话的特点

一般而言,3岁时,幼儿已经掌握了本民族的口语。这个时候幼儿能对成人的指令进行回应,对成人的问题进行简单的回答,在游戏中向同伴表达自己的想法和意见,但在与他人交往中,还没有表现出明显的交谈意识。在幼儿园的各个阶段,儿童谈话能力的发展呈现出以下特点。

在小班阶段,幼儿因为与班级中的伙伴还不是很熟悉,加上认知经验有限,所以在谈话中的表达不够积极。幼儿还不善于有意识地倾听他人的讲话,对他人的讲话还不能很好地理解,对教师的提问往往只是做简单的回应,如教师提问"故事里面有哪些小动物?"幼儿可能只是回答"小狗",不能完整地进行回答。小班幼儿在谈话中,也会表现出表达不够清楚、声音较小、吐字不清晰等现象。

在中班阶段,随着幼儿年龄的增长、认知经验的丰富,在谈话中表达和表现的积极性明显提高,开始能集中注意倾听成人和同伴的谈话,但难以持久,还不能较好地掌握谈话的规则,在谈话过程中往往迫不及待地打断教师或同伴的发言。中班幼儿开始能围绕主题进行谈话,但是表现为对主题的横向展开,在谈话中缺乏与同伴的多方和多循环互动。这个阶段中幼儿谈话能力发展的差异较为明显,有些幼儿发展较好,而有些滞后于大多数。

在大班阶段,幼儿的谈话能力明显提高,主要表现为逐渐能够完整理解谈话对象的意思,掌握谈话的规则,知道轮流谈话、举手发言、适时插话。在谈话过程中开始有意识地运用举例、质疑等方式证明自己的观点,谈话中语句长度明显加长,复杂句出现得更为频繁。这一时期的幼儿能较为密切地围绕主题进行谈话,并会主动回应、质疑、反驳成人或同伴的观点,通过初步思考提出新的观点,促使谈话主题纵向深入。在谈话过程中,大班幼儿开始采用肢体语言、表情等手段进行表达。

三、谈话活动的目的和意义

幼儿园中的谈话活动不但可以激发幼儿与同伴、教师进行语言交流的兴趣,帮助幼儿与同伴建立亲密的关系,还可以加深幼儿对周围事物的了解,引导幼儿关注自己的生活,建立积极、健康的生活态度,促进幼儿的发展。此外,在语言教育领域,谈话活动的目的和意义具体体现在以下几个方面。

(一)鼓励幼儿有话敢说

幼儿园谈话活动并不特别强调幼儿语言表述的严密逻辑,也不过于注重幼儿语言表达过程中词语和内容的丰富性。谈话活动中,选择一个幼儿感兴趣的中心话题能够最大程度激发幼儿交谈的兴趣。有趣的中心话题本身就能充分发挥幼儿的潜能,鼓励幼儿有话敢说,激发他们说话的愿望,促使他们积极、主动地参与到谈话过程中,增强幼儿用语言表达自己的信心。在谈话活动宽松的交谈氛围中,教师可以抓住时机适时地鼓励、支持幼儿积极参与谈话,敢于在集体面前表达自己的想法。

(二)引导幼儿有话可说

在谈话活动中,幼儿争相发言,相互交流,可以激发同伴积极表达自己的欲望。同时,幼儿可以从同伴的谈话中获得许多自己不知道的新信息,了解和熟悉自己不太理解的事物。例如,在谈话活动"风的作用"中,幼儿谈论"风"的各种作用,有的幼儿描述风能发电机是什么样子的,怎样利用风能发电,听的幼儿恍然大悟地点头,并急切地补充说明。另外,在谈话活动中,教师也可以用提问、平行谈话等方式,为幼儿提供谈话的思路,使幼儿有话可说。

(三)帮助幼儿有话会说

谈话活动的过程,也是一个幼儿对社会交往中约定俗成的基本规则进行学习、使用的过程。语言只有多加练习、使用才能够学会。在幼儿园的谈话活动中,教师指导幼儿谈话的过程,不仅能够帮助幼儿学习并掌握谈话的基本规则,还可帮助幼儿懂得人际语言交往的基本规则。例如:认真倾听他人讲话;别人讲话时不随便插嘴;使用轮流、修补等方式延续与他人的交谈;在不同情境中,使用不同语音、语调、音量等进行交谈;等等。

(四)培养幼儿的倾听能力

倾听能力是儿童语言发展过程中非常重要的技能,也是语言交流过程中不可缺少的能力。学习、学会倾听是幼儿语言学习的重要内容。幼儿的倾听能力并不是随着身体发育而拥有的技能,而是在幼儿与他人沟通和交流的过程中慢慢学会的。教师可以通过有目的、有计划的谈话活动,帮助幼儿学习有意识倾听、辨析性倾听和理解性倾听,发展幼儿的倾听能力。

四、谈话活动与其他活动的区别

(一)谈话活动与讲述活动的区别

谈话与讲述都属于语言教育的重要方法,都对提高幼儿的语言表述能力有重要作用,但却分属不同类型的语言教育场合。

谈话活动是两人或多人就某一话题进行交谈,而讲述活动则针对某一幼儿认识的事物(图片、玩具等)进行讲述。从活动中幼儿能够运用到的语言方式来看,同样是口头的语言表达形式,谈话的语言属于对话范畴,可以是多人进行的交谈,而且正如人们一般进行交谈那样,谈话活动营造的是一个相对宽松、自由的语言场合,不一定需要正式场合使用的规范化语言,只要能够将想法表述明白即可。讲述不同于谈话,讲述是一种独白的表达形式,要求类似正式场合的语言,并且需要幼儿能够使用规范、清晰而有条理的语言,相对完整地表达一个观点。尽管讲述者还是幼儿,但他们已在讲述活动中为未来的"发言""报告""辩论"等做先期的准备了。

(二)谈话活动与日常交流的区别

谈话活动是教师根据需要有目的、有计划地组织幼儿进行的交谈活动,而幼儿日常交谈则是无预期目标和计划的自发性谈话,幼儿谈话活动与幼儿日常交谈的最大区别即在此。但二者之间有着紧密的联系,应当说,幼儿的日常交谈是他们进行谈话活动的语言基础,谈话活动中的语言学习又有助于提高他们日常交谈的水平。这两种场合的谈话,都是幼儿学习语言的重要环节,对促进幼儿运用口头语言,发展幼儿与他人交往能力有重要作用。

(三)谈话活动与科学领域的"总结性谈话"的区别

谈话活动与科学教育的"总结性谈话"之间的差别,主要反映在活动的目的和内容方面。进行科学教育的"总结性谈话",目的在于帮助幼儿更好地认识课堂所学的科学教育内容,是通过谈话来巩固和加深幼儿的认识。而属于语言教育的谈话活动主要侧重于培养幼儿的语言能力,并不特别考虑话题内容的认识范畴,教师在设计谈话活动时,对于幼儿怎样展开话题更为关注,例如幼儿围绕某一话题"说些什么"和"怎么说"。但必须指出,幼儿园各种类型教育活动的内容,都有着相互渗透的共性特点,往往不可完全分开。科学教育的总结性谈话渗透着语言教育的内容,而语言教育的谈话活动也有可能以科学教育的内容作为主题。从研究语言教育活动的角度出发,不必特别地去划分。

第二节 谈话活动的形式和注意事项

一、谈话活动的形式

从不同的标准出发,谈话活动可以分为不同的谈话类型,一般情况下谈话活动分为日常生活的谈话活动、有计划的谈话活动、开放性的讨论活动三种。

(一)日常生活的谈话活动

日常生活中的谈话是发展幼儿日常用语的直接途径,也是最广泛的途径。日常生活中的谈话带有极大的情境性和主观色彩,交谈的话题较为宽泛,交谈的对象也经常变化,交谈不受时间、地点、对象的限制。幼儿园三个不同年龄班均可以展开此类谈话。由于日常生活中的谈话比较随意、自由,所以容易吸引幼儿参与到谈话活动中,提高幼儿发言的积极性。日常生活中谈话活动根据谈话对象的多少,分为个别谈话和集体谈话两种形式。

1. 日常个别谈话

1—3岁是儿童语言的快速发展期,也是培养说话能力的关键时期,此阶段的学前儿童基本上都是在成人的帮助下和成人一起进行活动的,儿童的语言学习基本上都是采取对话形式进行的,家长和托幼机构的教师应充分利用日常生活中的个别谈话形式,发展学前儿童的口语表达能力。

教师可以利用托幼机构一日生活的各个环节,与部分学前儿童就某个话题进行交谈。但这种交谈并不是随意进行的,而是经过了一定的计划和准备的。教师要事先考虑好与哪些学前儿童交谈、谈什么,教师可以与一个或同时与几个儿童交谈,交谈过程中,学前儿童可以随时加入或退出谈话。

教师和家长可以在任何有空的时候跟学前儿童"闲聊"。对学前儿童来说,这些"闲聊"的经验是非常宝贵的,"闲聊"能使他们逐渐学会如何运用语言,促进他们认知能力、思维能力的发展,增强他们的自信心,提高他们参与谈话活动的兴趣和积极性。

2. 日常集体谈话

这种谈话多在托幼机构内进行。与个别谈话相比,日常集体谈话的参与者较多,话题选择更自由,可以有几个话题同时进行的情况,形式更活泼,可以是师幼间的谈话,也可以是学前儿童间的谈话或是师幼、儿童间的讨论等。它也遵循着"自由参加"的原则,学前儿童可以参加集体谈话活动也可以从事其他的活动。

《幼儿园教育指导纲要(试行)》(以下简称为《纲要》)指出:"语言是在运用的过程中发展起来的。"在托幼机构一日生活的过渡环节(包括早晨入园、中午午睡前后、自由游戏时间、离园前)和区域活动的时间里,学前儿童是相对自由的,而这些时间是学前儿童自主交流的最好时机,应允许学前儿童在托幼机构一日生活的过渡环节中自由交谈。要为学前儿童之间、师幼之间的交流提供更多的机会,让学前儿童在平等、轻松的环境中畅所欲言,尽情地表达心中的各种感受,消除胆怯、紧张、压抑的心理,保持轻松愉快的情绪,促进学前儿童语言能力和社会交往能力的发展。

(二)有计划的谈话活动

有计划的谈话活动是指幼儿教师根据教育活动目标,经过精心准备,设计详细的教育活动方案,有目的、有计划地组织学前儿童开展的谈话活动。谈话的话题可以是多种多样的,凡是学前儿童熟悉的、与他们的生活紧密相关的,都可以作为谈话活动的话题。这些话题可由教师选定,在大班也可以邀请学前儿童提出建议,参与到话题的选择中来。

此类谈话活动在本章第四节会详细阐述,此处不再赘述。

(三)开放性的讨论活动

讨论活动是一种特殊的谈话活动形式,它的特殊之处在于讨论过程中的话题形式、言语交往和教师的指导,都具有开放性。

首先,讨论活动的话题一般是开放性的问题,同时讨论所涉及的事物对学前儿童来讲应是既有一定难度,又与他们已有的知识经验相符合的。例如,讨论话题可以是"假如你像小鸟一样会飞,你最想去的地方是哪里?""假如你是大人,最想做的事是什么?"等。这些话题可以让学前儿童随意发挥,而且没有什么固定的答案。

其次,讨论活动是一种开放性的语言交往活动。在讨论过程中,学前儿童既要善于倾听他人的见解并进行分析、驳斥或接纳,又要清晰地向对方表达自己的看法。这期间学前儿童可以就自己的观点与他人进行充分的语言交流,从而达到锻炼交往能力的作用。在讨论活动中,这种语言交往可以是一对一,也可以一对多。由此可见,讨论活动对学前儿童的语言能力、思维能力都提出了很高的要求,因此这项活动一般适合在中班以后开展。

最后,教师指导时态度要开放。教师在组织学前儿童进行讨论时,不要一味地从成人的角度去评判幼儿的某些观点合不合理,能不能行得通,教师要将指导的重点集中在学前儿童的语言交往能力上,对学前儿童某些富有想象力的或新奇的想法,教师应采取包容和接纳的态度。例如,学前儿童说:"假如我像小鸟一样会飞,我最想去的地方是月亮上,和玉兔一起做游戏。"这样的答案教师不但要接受,还要在评议时给予鼓励。

二、谈话活动的注意事项

在引导学前儿童进行谈话活动时,教师应创设轻松自由的谈话氛围。日常生活中,我们经常会看到孩子们聚在一起滔滔不绝地谈话,若认真倾听会发现他们的语言生动,内容广泛。为什么有的儿童在课上沉默,而在课后却说得如此生动精彩?除了话题使他们感兴趣之外,更重要的是轻松自由的谈话氛围,让他们有话想说,有话敢说,有话愿说。因此,要想学前儿童积极参与到谈话活动中来,需要注意以下几点。

(一)不要害怕"乱"

在学前儿童自由交谈时,教师不要因为害怕"乱"而限制儿童选择同伴的自由,应允许学前儿童自由地选择交流对象。结伴形式自由多样,可一对一,也可三三两两,多人组合;可与座位周围儿童为伴,也可离开座位自由找伴。作为教师应当相信,当学前儿童真正全身心投入一项"工作"的时候,纪律与秩序自然而然就体现出来了。自由的谈话氛围有利于发挥学前儿童的积极性,保证谈话氛围的融洽和谐。

(二)不要随意打断谈话

学前儿童与同伴或教师交谈时,教师要以朋友的身份平等地对待幼儿,认真倾听和参与,不要有意无意打断他们的谈话,要让学前儿童感觉到教师也是他们之中的一员。这样,学前儿童谈话时才能尽兴,并形成良好的倾听与交流习惯。

(三)不要过于强调语言规范

谈话活动的重点是要为学前儿童创造说话的机会。学前儿童的能力和发展水平各不相同,无论儿童的原有经验是什么,在谈话过程中采取什么方式、什么语言来进行表达,教师都应该尊重他们的想法。只要他们能围绕话题,表达清楚自己想要说明的观点,能够让听者明白,就不要苛求他们是否使用了规范无误的句式,是否能够完整连贯地说出一大段话等。即使幼儿在表达过程中词不达意,教师也不要进行过度的纠正,要让幼儿不怕说错话,不怕说不好,这样才能促进谈话活动的进一步展开和深入,让幼儿感受谈话的乐趣。也只有在敢说、乐说的前提下,学前儿童才能学会正确的语言表达,成为善于表达的人。

第三节 谈话活动的语言教育要求

谈话活动创设的是日常口语交往情境,要求幼儿利用自己已有的经验,围绕一定的话题表达自己的想法,倾听他人的意见。一个有着良好倾听习惯和能力,乐于交往、敢于表达,能围绕主题谈话,并掌握谈话规则的学前儿童往往被认为具有高水平的谈话能力,这也是学前末期一个有着良好谈话能力的学前儿童应有的状态,支撑这种状态的核心能力或品质就是学前儿童谈话的核心经验。因此,根据谈话本身的语言要素和学前儿童谈话活动具有的特点,我们总结出学前儿童谈话的核心经验主要包括倾听习惯和能力、交流和表达的规则、谈话策略。这三种能力支撑着幼儿谈话的过程。学前阶段对幼儿"谈话"能力的培养,主要是帮助他们获得未来口语交流能力发展所需要的核心经验,为塑造一个有着良好交流能力的人奠定基础。

谈话活动的重点在于培养幼儿运用口头语言与他人交际的意识、情感和能力,其内容一般涉及以下两个方面:第一,围绕自己熟悉的人或事进行谈话;第二,就某一熟悉的场景发表个人的观点和想法。根据幼儿的年龄特点和身心发展规律,各年龄班谈话活动目标的设计应有不同的侧重点和要求。

一、谈话活动的教育目标

(一)谈话活动的目标

学前儿童语言教育终期目标是语言教育所期望的最终结果,是学前阶段语言教育总的任务要求。学前儿童语言教育终期目标是学前儿童教育总目标的一个组成部分,与总目标在方向上是一致的,在内容上是相辅相成的。与此同时,终期目标又是对学前儿童语言发展的任务要求,具有较强的特殊性和相对的独立性。正如学前儿童语言在全面发展中有着不可替代的作用一样,学前儿童语言教育终期目标在总目标中具有同样重要的地位。

《纲要》中涉及谈话的语言教育终期目标是:"乐意与人交谈,讲话有礼貌"和"注意倾听对方讲话,能理解日常用语",在与人交谈时还"能清楚地说出自己想说的事"。想要在学前阶段完成这样的目标,就需要将语言教育目标转化为对每个年龄阶段的不同要求,形成对每一年龄阶段学前儿童逐步提高要求的具体目标。

而《指南》更是明确了成人的责任:"幼儿的语言能力是在交流和运用的过程中发展起来的。应为幼儿创设自由、宽松的语言交往环境,鼓励和支持幼儿与成人、同伴交流,让幼儿想说、敢说、喜欢说并能得到积极回应。"

总的来说,谈话活动的目标可以从以下三个方面进行阐述。

1. 情感态度方面

(1)能主动倾听别人谈话的愿望、态度和习惯。

(2)积极地与同伴、老师及他人用普通话进行交谈;乐意说出自己的意见和感受。

(3)能根据谈话主题陈述自己的意见或做出相应的反应。

(4)自觉地运用适合自己角色的语言、听说轮换等基本的交谈规则、方式进行交谈。

2. 认知方面

(1)知道要倾听他人的谈话内容。

(2)知道与他人交谈时要围绕话题,不跑题,并且知道围绕中心话题不断扩展谈话内容。

(3)知道运用语言进行交谈的基本规则,并能够在谈话中运用这些基本规则。

3. 能力方面

(1)能在倾听他人的谈话时,及时从中捕捉有效的语言信息。

(2)能够围绕一定的话题谈话,会不断扩展谈话内容,充分表达个人见解。

(3)能在适当的场合主动热情地运用基本的交谈规则与他人进行交谈。

(二)谈话活动的年龄阶段目标

各年龄阶段谈话活动的具体目标,详见表4-1。

表4-1 谈话活动的年龄阶段目标

	小班(3—4岁) 目标具体内容	中班(4—5岁) 目标具体内容	大班(5—6岁) 目标具体内容
知识、技能与方法	1.在教师引导下,学习围绕主题谈话 2.能用短句表达自己的意思 3.初步学习常见的交往语言和语言规则	1.能用普通话较连贯地表达自己的意思 2.学会围绕一定的话题谈话,不跑题 3.学会用轮流的方式谈话,不抢着讲,不乱插嘴 4.继续学习交往语言,提高语言交往能力	1.逐步了解别人谈话的主要内容,并从中获取有用的信息 2.能围绕话题谈话,会用轮流的方式交谈,并能用恰当的语言表达自己的情感 3.逐步学习用修补的方式延续谈话,进一步提高语言交往能力

续表

	小班(3—4岁) 目标具体内容	中班(4—5岁) 目标具体内容	大班(5—6岁) 目标具体内容
情感与态度	1.学会安静地听同伴说话,不随便插嘴 2.喜欢与同伴交谈,愿意在班级同学面前讲话 3.能听懂并愿意说普通话	1.能集中注意力,耐心倾听别人的谈话,不打断别人的话 2.乐意与同伴交流,能大方地在班级同学面前说话	1.能主动、积极、专注地倾听别人的谈话 2.能主动用普通话与同伴交流,态度自然大方 3.愿意与同伴分享感受

二、谈话活动目标的内容

(一)语言交往方面的目标

语言交往方面的目标是谈话活动中重要内容,要尽量体现认识、情感和能力的要求。

第一,能主动、愉快地发起谈话,这是针对儿童语言交往的态度而言的。

第二,能用符合当前语境特点的言语进行谈话。谈话活动中幼儿的角色会不断地发生变化,幼儿所处的场景也会有所不同,这就要求幼儿能针对不同的场景和所承担的角色不断地调节自己的语音、语调、说话方式,以符合当前说话语境的特点。

第三,能用轮换的方式交谈。谈话活动中要强调让幼儿学会按照一定的顺序轮换着听和说。

语言交往能力方面的目标有:

第一,能围绕一定的话题交谈,要避免谈话时跑题现象的发生。

第二,能不断扩展谈话内容,层层深入地表达自己的看法和见解。

第三,幼儿要善于对自己前面的话语进行补充、修改,或对别人的意见提出询问和质疑。

(二)倾听方面的目标

倾听是沟通的基础,注意听并能听得懂是进行谈话的第一步,也是谈话顺利进行的保证,良好的倾听习惯和能力是学前儿童谈话能力中的核心经验。《指南》将"认真听并能听懂常用语言"列为学前儿童语言能力发展的首要目标,在学前阶段重点要发展的是主动倾听的经验,从有意识倾听和辨析性倾听,逐渐发展到理解性倾听。有意识倾听,即学前儿童能跟随成人的指令做出回应;辨析性倾听,即学前儿童对谈话中的特定内容有反应,对谈话对象言语中的声调变化有意识;理解性倾听,表现为学前儿童听懂了谈话对象言语的意义,能对谈话对象的观点进行评价并形成自己的观点,也表现为在谈话内容的启发下,学前儿童通过言语和行动自发地表达自己的想象或情绪。

倾听方面的目标包括两方面内容:一是幼儿养成倾听的习惯,二是幼儿有倾听的能力。

1. 倾听习惯

倾听习惯主要表现为三个方面:倾听的主动性、倾听的行为和回应行为。

倾听的主动性主要表现为幼儿从被动倾听到主动倾听,逐步有意识地集中注意力听取相关信息;倾听的行为主要表现为幼儿在倾听的过程中能保持安静,会做出倾听的动作如侧耳等,注意力能跟随谈话对象所指事物的变化而变化;回应行为主要表现为幼儿在倾听的过程中会用眼神、肢体动作、面部表情或回应性的口头语言对对方做出回应。例如在"晴天好还是雨天好"的辩论中,幼儿需要学习在对方发表观点的时候保持安静,这是幼儿可以学习和发展倾听习惯的机会。

2. 倾听能力

倾听能力主要表现在两个方面:理解对方话语的直接含义,做出相应的行为;初步理解对方话语中句子、词语或语气语调隐藏的含义。

在对方说出一句话后,幼儿需要明白对方话语的直接含义,如果是一个自己应该做的指令,则做出相应的动作,如果不明白对方的话,会通过提问的方式来要求对方做进一步说明。有的谈话对象话里面有隐藏含义,幼儿要初步理解这种隐藏含义,比如自己做错事情的时候,成人问"你多大了",幼儿要理解这表示批评,而不是问自己几岁了。例如在"晴天好还是雨天好"的辩论中,幼儿要理解对方所说的理由,并判断这种理由是否成立,应该如何反驳。

三、谈话活动目标的要求

谈话活动重在培养学前儿童运用口头语言与他人进行交往的意识、情感和能力。其目标要求主要表现在以下几个方面。

(一)引导学前儿童学习倾听他人的谈话

教师进行有目的、有计划、有组织的谈话活动,培养学前儿童的倾听技能。第一,有意识倾听。学前儿童有主动倾听别人谈话的愿望、兴趣、态度和习惯,别人说话时能集中注意力去耐心倾听,能主动倾听并了解别人谈话的信息。第二,辨析性倾听。学前儿童通过仔细聆听,分辨不同声音,包括说话人声音的特点及声音中表达的情绪、情感等。第三,理解性倾听。学前儿童通过谈话中的倾听,提高理解谈话内容的水平,在倾听中迅速掌握别人说话的内容,把握关键信息,理解谈话内容上下文的含义,了解谈话的中心思想,从而做出合理反应,交流和表达自己的见解。

(二)帮助学前儿童学会围绕话题充分表达个人见解

谈话活动可引导学前儿童按照社会交往过程中约定俗成的方式进行交流。在社会生活中,谈话往往有一个中心主题,参与谈话的每一方都应围绕该话题表达个人见解,这也是谈话最基本的思路和方式。随着幼儿进入学前期,其自我中心的语言不断减少,社会性语言不断增加,但仍需通过学习来发展社会性语言。谈话给予学前儿童许多学习社会性语言的机会,能够让他们从谈话对象或者公众话题角度考虑问题,表达个人想法。同时,教师还要帮助学前儿童围绕中心话题扩展谈话内容,深入表达自己的见解,这样才能使他们充分表达各自观点,推动谈话层层深入。

(三)指导学前儿童学会运用语言进行交谈

首先,教师应指导学前儿童用适合角色的语言进行交谈。谈话作为一种多样式的交流,每个人在谈话中都处于某一特定的角色地位。同一名学前儿童在谈话中也有不同的角色,因而要用不同的方式进行交流,如不同的语音、语调、不同的音量和不同的组词、造句方法等。其次,可让学前儿童轮流进行交谈。在多人谈话中,每个人都要学会耐心倾听别人,等别人把话说完后再发表意见。每个人也要按顺序逐个说话,这既是对他人的尊重,也是正确理解他人意思的基本前提。许多幼儿刚开始学习谈话时,就爱抢着说、乱插嘴、光听不说或光说不听等。因此,教师在组织谈话活动时,要有意识地培养学前儿童轮流交谈的良好习惯。再次,应指导学前儿童用修补的方法延续谈话。所谓修补,就是在谈话中出现听错或理解错等情况时,为保证谈话信息传递的准确性,进行的及时修正与补充。谈话往往不是瞬间完成的,都会持续一定的时间,所以极有可能出现谈话中断的现象,因此参与者应当具备修补、延续谈话的意识和能力。

第四节　谈话活动的设计与组织

为了成功地组织有计划、有目的的集体谈话活动,教师一定要明确三个关键要素:一是要有"话"可谈,即谈话活动一定要有谈话主题;二是要让幼儿有机会"谈",谈话活动是幼儿的谈话,因此在活动中要充分引导幼儿与同伴交谈;三是要让幼儿会"谈",教师应关注幼儿谈话能力核心经验的学习与发展,通过学习和运用这些核心经验,让谈话进行得更顺利、更深入。这三个要素可以通过以下活动环节来体现。

一、谈话活动目标的确立

在确定谈话活动的目标时应做到:

(一)正确

谈话活动目标的正确性体现在以下两个方面。

1. 具体活动目标是总目标的正确转化

每一次谈话活动的具体目标都应体现总目标的要求,同时也要适应阶段目标,从而使确立的目标符合各年龄班儿童的特点。

2. 目标是内容的正确体现

教师要根据谈话活动的目标,选择相应的教育内容,以使具体目标与谈话活动内容正确地结合起来,真正做到目标体现内容,内容反映目标。

(二)全面且重点突出

一个具体的谈话活动目标应尽量使本次活动的教育功能充分地发挥出来,从而使确定的目标能够体现全面性的原则。但同时也应明确哪些目标是直接目标,哪些目标是间接目标。

二、谈话活动的主题与内容

(一)谈话活动的主题

谈话活动的主题是关系到谈话活动能否发挥其教育作用的关键问题。总的来说,谈话活动的主题应与本班近期的教育内容相符合,范围应该是幼儿生活经验之内的、蕴含较为丰富知识的,同时也应该是幼儿感兴趣的项目。

1. 谈话活动的主题应依据近期教育的主体内容来确定

谈话活动的主题应根据学前儿童近期所学科学教育和品德教育的内容来确定。通过科学教育,幼儿可以学到大量有关植物种类、四季特征、自然科学现象等自然知识,以及有关周围社会环境、交通工具、各种劳动、各种节日、著名建筑、风景名胜等社会知识。这些知识都需要借助谈话活动使学前儿童形成条理化印象。因此,以上内容也就是谈话活动选题的范围,特别是观察后谈话和总结性谈话的主题,要从这些内容中选择。

品德教育中的许多内容,如文明卫生、互助友爱、爱护公物、礼貌与诚实、情感教育等,也是谈话活动的选题范围。

2. 谈话活动的主题应根据幼儿的生活经验与兴趣来确定

谈话活动的中心话题应该源于幼儿自身,与幼儿生活经验密切相关,并且具体、有趣。这样的主题可以使幼儿在谈话活动实施的过程中有话可说,同时保持较高的热情，积极参与谈话。只有当幼儿对某种事物或某种现象从不同的角度进行了多次观察，比较细致地了解它以后，再组织幼儿谈话，他们才有条件谈得完整、丰富。例如教师只是带幼儿观察了青草发芽，就让他们谈春天的特征，那一定是徒劳的。如果从初春开始，教师就有意识地引导幼儿注意春天到来的特征：太阳晒得暖洋洋的，雪化了，地上的水不再结成冰，土地松软了，小草发出嫩绿的芽，有的树上长了芽苞，有的树开了花，燕子飞回来了，人们穿的衣服少了，离农村近的地方，还可观察到农民们忙着春耕了……幼儿积累了较多的印象，在此基础上再让幼儿谈"春天的特征"，才能谈得生动、形象、丰富。当然，有些内容在一次观察后，也可进行观察后的谈话，但这要取决于一次观察所得的印象是否丰富。

(二) 谈话活动的内容选择

谈话活动的内容与范围应具体、明确，一次谈话活动的内容范围不要过大，谈话的中心要具体明确，使幼儿能围绕一个主题展开谈话。如家庭和幼儿园的日常生活、社会生活、成人的劳动、自然界的各种现象，都可作为谈话的内容，但每次活动所谈的内容，只能是其中的一个小题目。如关于季节特征的谈话，每一次只能谈一个季节的特征，而且一般应选在季节特征最明显的月份中谈。此外，还应注意以下几点。

1. 选择和安排内容要有目的性和计划性

教师在选择和安排内容时要有明确的目的，再将所选内容与工作计划结合。这种目的性与计划性体现在：一是每月初制订月计划时就要将谈话活动的内容和话题准备好；二是将谈话活动的三种类型在每月中加以合理地安排。

2. 在组织谈话前创设相关的环境或情景

例如，如果要组织关于"动物园"的主题谈话，教师可以先组织幼儿集体去动物园参观，或要求家长带孩子去动物园参观，也可以展示丰富的图片、照片，还可以游戏的形式再现动物园的环境，在幼儿对所谈主题有大量的感性认识后再组织谈话。

3. 谈话活动的内容和范围应与幼儿、教师的知识经验相符合

正如前文所提到，谈话活动的内容一般应选择那些幼儿本身就熟悉的、喜闻乐见的生活片段。而对于幼儿本身了解较少的话题,教师应先通过多种方法,帮助儿童丰富这方面的认识,再进行谈话活动。作为教师,应当对话题有更高更深的认识,这样才能对谈话过程中幼儿的反应给予恰当的回应,启发和引导幼儿围绕主题活动而不乱进行谈话,谈话活动是最能充分体现幼儿为主体、教师为主导这一关系的活动。

三、谈话活动的设计与组织

从教育活动研究的角度看,幼儿园谈话活动设计与组织有其特别的规律。

（一）创设适当的谈话情境

1. 营造宽松、自由的谈话氛围

谈话活动鼓励幼儿多多交谈,积极说话,从而逐步学会恰当地表达自己的想法。为了调动儿童参与谈话活动的积极性,在活动开始时教师就要让儿童处于轻松、自然的氛围中,帮助儿童稳定情绪,将注意力迅速集中到谈话活动上来。如在"我们有好看的图书"谈话活动中,活动开始时教师把幼儿领到图书角,引导幼儿随意抽取图书,翻看各种图书,激发他们对图书的兴趣,引出谈话活动的主题。

教师还可通过建立良好的师幼关系、同伴关系,营造民主、宽松、愉快的谈话氛围,真诚平等地同幼儿交流,多鼓励、支持幼儿,做他们的朋友,帮助幼儿学习围绕一定的话题谈话,这样幼儿在谈话活动中就会觉得无压力、无拘束,自然敢说了。活动中教师的积极应答和有效反馈,还能使幼儿的已有经验得到整理和提升,让每一位幼儿都能从同伴的回答中获得经验,能大胆表达个人的见解,从而提升幼儿的谈话能力,让幼儿"有话敢说"。

2. 创设生动、有趣的谈话情境

一般来说,谈话活动的情境创设有以下几种方式。

第一,用实物或直观教具创设情境。利用挂图、幻灯、视频或各种不同的实物给幼儿创设一种语言情境,并让幼儿尽快地融入情境中,跟随着教师的提问进行思考。如进行"我的家庭"谈话活动时,可用一张家庭合照引入话题,可以是某小朋友一家的合照，或是教师的家庭合影。又如进行"春天来了"主题谈话，可以通过给幼儿看一张画面较丰富的春天主题画后引入"这是什么季节""你怎么知道这是春天"等问题，然后在不看画面的情况下，引导幼儿根据已有经验，谈自己观察到的春天景象和对春天的感受。利用图片、音像等资料再现谈话主题情境也是提高谈话活动质量的有效途径之一。例如谈话活动"我的好老师"中，孩子们所谈到的内容是"老师长得很漂亮""老师教我们很多本领"等，对于教师怎样在生活中关心、爱护、照顾小朋友等都没有谈到。这时，有心的教师就将自己收集、拍摄的图片或音像资料出示给幼儿观赏，其中有老师喂小朋友吃饭、抱新入园的小朋友、午睡时给小朋友盖被子、保育员洗碗、洗小手绢、洗小朋友尿湿的裤子等画面，让孩子们在生活情境的再现中获得谈话所需要的经验，感受"好老师"的形象，从而有话可谈，谈得深、谈得细、谈得透。

第二，以语言创设谈话情境。教师通过一些简单的问题，帮助儿童进入谈话的情境，积极地进行思考。如在中班进行的"我们有好看的图书"谈话活动中，教师让幼儿相互谈谈、讲讲自己带来的图书，可以介绍图书的名字、简要的内容、图书的亮点等。对不宜或不必要专门创设环境的主题可直接用提问的方式引入谈话，这种方式一般适用于节日见闻等主题谈话。

第三，以游戏的形式创设情境。运用游戏的形式创设的谈话情境，很容易调动幼儿的积极性，引起他们对所谈内容的回忆，为接下来的活动奠定良好的基础。如中班谈话活动"发生在公交车上的事"，教师和幼儿共同表演发生在公交车上的故事，幼儿们分别扮演司机、售票员、乘客，教师扮演老奶奶或老爷爷。组织幼儿集中讨论"车上出现了什么情况""乘客们是怎么做的""你怎样看这件事"等。活动中对幼儿进行文明礼貌教育，使幼儿在游戏中体会文明礼貌带来的愉悦的身心体验，培养幼儿关爱他人的精神，并体验到互敬互爱给人们带来的温暖和快乐。

在创设谈话情境引出谈话话题时，教师需要注意两点：一是创设情境是为了激发幼儿参与谈话，所以不论采取什么方式，都必须以有利于幼儿参与谈话为前提；二是要正确处理谈话情境和谈话话题之间的关系，即谈话情境的创设是为引出和推进谈话话题服务的，所以一定要紧扣谈话话题创设情境，切忌喧宾夺主。

(二)围绕话题自由交谈

谈话活动重视多方面的信息交流，强调幼儿运用语言与他人进行交流。在谈话活动中,语言信息量较多,幼儿交流的对象范围也相对较大,当幼儿围绕谈话话题交流个人见解时,他们的思路是相对开阔的,个人的经验是多样的,语言形式也丰富多样。所以提出话题后,教师要为幼儿创设一个自由发言、自由交谈的机会,让他们有足够的时间、空间将自己的体会、想法与他人共享。教师在进行这个过程的指导时要注意以下几点。

1. 让学前儿童围绕话题自由交谈

在幼儿分组或一对一交谈时,教师应允许幼儿说任何与话题相关的想法。教师无需示范和提示,也不用纠正幼儿说话时词语、句式的错误,让他们充分运用已有谈话经验表达自己的想法即可。

2. 鼓励每位学前儿童积极参与谈话,真正形成双向和多向的交流

幼儿分组交谈时,教师应该让他们自己选择交流对象。自由组合的小组能够保证谈话的氛围和谐融洽,有利于发挥每名幼儿的积极性,使他们有更多的交谈机会。

3. 适当增加学前儿童的动作机会

谈话是口头语言操作,也是动脑的操作。根据幼儿活动特点,在谈话活动中增加一些动作操作,会有利于调动幼儿的兴趣,提升其谈话积极性。

在自由交谈时,教师一定要亲临谈话现场。让幼儿体会到教师对自己说话的重视。教师可以参与谈话、与小组或个别幼儿交流,并对儿童的谈话进行必要的反馈和指导。教师还应仔细观察幼儿,了解幼儿的已有经验及个体差异,为进一步的指导做准备。

(三)围绕话题深入交谈

在这一阶段中通过逐步深入的谈话,教师可以向幼儿展示并帮助他们学习如何运用新的谈话经验,使幼儿的谈话水平进一步提高。教师在组织谈话活动时,要防止幼儿机械呆板地理解谈话经验,不要把一种句式或几个词汇的学习与新的谈话经验的学习等同。

具体而言,通过谈话活动向幼儿提供新的语言经验时必须注意以下几点。首先,应在幼儿原有谈话经验的基础上,进一步扩展他们经验的范围,体现最近发展区原理,遵循小步子原则。其次,要根据不同谈话活动的目的和重点内容,发展不同的语言经验。例如:这次的谈话活动重点是帮助幼儿学习围绕中心话题谈话,那就要注意讲解紧扣主题、不跑题的语言技巧;下次的重点是学习围绕中心话题深入拓展小话题,那指导重点就应放在调动幼儿已有经验,激发幼儿想象力和创造力上。最后,教师向幼儿展示新的谈话经验,不是通过示范、指示的方式"说"给幼儿听,而是应通过深入拓展谈话范围,将这种经验潜移默化地逐步传递给幼儿。教师可以使用些策略,如描述幼儿已有行为、重复和整理幼儿的谈话内容、点评幼儿的表现等。

教师在进行这个过程的指导时应注意以下两点。

1. 话题的深入是逐步进行的

一般而言,话题是沿着这样的顺序拓展和推进的:对话题对象的描述和基本态度—为什么会有这种态度—对话题对象的独特感受。

例如在进行"我最喜欢去的地方"(中班)这个谈话活动时可以这样推进:你最喜欢家乡的哪些地方?除了家乡的这些地方,你还去过哪里?你为什么喜欢这些地方?自己还有哪些地方没有去过?除了我们国家的名胜古迹外,其他国家的名胜古迹你想去吗?想去哪里,为什么?

在活动中教师要善于启发、引导,帮助幼儿拓展话题,使谈话内容丰富而不离题。不管采用什么方式引入话题,都要靠逐步深入的提问来组织谈话,教师要注意提问的逻辑性、层次性和具体性。否则无逻辑、空泛无意义、翻来覆去或模棱两可的提问会扰乱幼儿的思维,导致幼儿无所适从,答非所问。

如在组织"教师节"主题谈话活动时,老师一开始便问:"今天是教师节,我们应该怎么样?"小朋友们七嘴八舌地回答:"老师很开心""我们要听话""祝老师节日快乐"。这实在是一个让孩子们难以一下就回答好的问题,幼儿没有实质性的谈话内容,谈话也不可能深入。活动中教师可以结合"教师节"的情境或者"教师节"的字卡告诉幼儿,教师节到了,然后以"教师节是谁的节日""老师每天和小朋友在幼儿园干什么"等问题引入,最后再讲讲"为什么会有教师节,小朋友应该怎样尊敬老师(结合生活中的例子)",并注意给孩子以正确的引导。

2. 正确地看待谈话技能、态度和规则的学习

在幼儿学习谈话时,除了要掌握倾听和围绕话题交谈等一些直接与谈话有关的能力外还要求幼儿懂得人际交往的基本规则。这些基本规则可以保证幼儿正确地运用语言与人交流,使幼儿的谈话水平不断地提高。教师要认识到谈话技能、态度的形成需要一定的时间,在引导幼儿学习新的谈话经验时,不应有急于求成、立竿见影的想法。

(四)谈话活动中教师的指导策略

幼儿园的教育活动是教师以多种形式有目的、有计划地引导幼儿积极主动地参与活动的教育过程。教师的有效引导对于幼儿园教育活动的顺利开展起着重要的作用。学前儿童谈话活动本身的特点决定了教师在活动中有效指导的重要性。无论是日常生活中的谈话还是专门的谈话活动,学前儿童谈话经验的获得都需借助于教师有效的指导。在谈话活动中,具体的指导策略有以下几种。

1. 多给学前儿童提供倾听和交谈的机会,让其体验语言交往的乐趣

教师应就幼儿感兴趣的话题,随机与幼儿进行个别交流,让他们有机会练习理解、表达等语言运用技能。教师每天要保证有足够的时间与幼儿交谈,如谈论他们感兴趣的话题,询问和听取他们对事情的看法;要尊重和接纳幼儿说话的方式,无论其表达水平如何,都应认真倾听并给予回应;鼓励和支持幼儿与同伴一起玩耍、交谈,相互讲述见闻、趣事或看过的图书、动画片等。

2. 示范谈话技能,为学前儿童做表率

教师应给予幼儿良好示范。如:认真倾听别人(教师和幼儿)讲话;用幼儿能听懂的语言与他们交谈;对幼儿提出任务和要求时,提醒他们注意听,鼓励他们主动提问。教师也要注意用语文明,为幼儿做表率。如:与他人交谈时,认真倾听,用语礼貌;在公共场合不大声说话;不说脏话、粗话。幼儿表达意见时,教师要蹲下来,平等地与孩子对话,耐心倾听。

3. 与学前儿童谈话时要结合情境使用丰富的语言

教师要注意说话的语气、语调变化,让幼儿感受这二者变化带来的不同语言含义:对幼儿不合理的要求要以坚定的语气表示不同意;讲故事时尽量把故事中人物的情绪、情感用不同的语气、语调表现出来;根据幼儿的理解水平,有意识地使用一些因果、假设、条件关系的句式。

4. 帮助学前儿童养成良好的语言行为习惯

良好语言行为习惯的养成不是一蹴而就的,它需要教师将用语习惯融入幼儿日常的学习生活中。教师平时可结合语境提醒幼儿必要的文明礼貌和交流礼节;提醒幼儿遵守集体生活的语言规则;提醒幼儿注意公共场合的文明用语等。

四、谈话活动设计与组织应注意的问题

(一)创设的情境必须有利于幼儿的谈话,为引出谈话话题服务

教师必须充分认识到创设谈话情境时,无论是采用实物还是语言的方式,其目的都在于开启幼儿谈话情境,创设谈话情境必须以有利于幼儿谈话为前提。一般来说,对幼儿已经具备丰富经验的话题或幼儿新近关注较多的话题,可以不采用实物方式创设情境。对幼儿理解难度较大的话题,则应创设具体的谈话情境。创设的情境要为引出话题服务,既要避免与谈话内容无关的摆设,还要避免过于热闹、喧宾夺主的现象。应创设简单明了,能够直接连接话题内容的情境,否则容易分散幼儿的注意力。

(二)谈话过程中应注意提问的技巧

谈话活动中如何提问可以说是一种技巧,将直接影响谈话活动的质量,对幼儿的思维水平、口语表达的发展都有直接影响。教师应使自己的提问符合以下要求。一是问题要有具体性,尽量具体明确,避免抽象笼统。教师所提问题的深浅程度要适合于本班幼儿的知识经验和思维水平。二是问题要有启发性,启发幼儿正确理解事物之间的关系。三是问题要有趣味性,要能调动幼儿谈话的兴趣。教师可以用竞赛的口吻提出问题,如"谁知道哪些动物的肉可以吃""谁知道常见的家用电器有哪些"等,有时也可以是议论性、评价性的问题,如"你最喜欢什么动物,为什么?"

(三)帮助幼儿学会并遵守谈话的规则

在组织谈话过程中,教师应为幼儿创造机会学习谈话的规则。一是用适合

角色的语言进行交谈。同一幼儿在谈话中会有不同的角色地位,如幼儿与教师谈话,与父母谈话,与同伴谈话,或是个别交谈、小组交谈、集体交谈时,都要用不同的方式来交流。二是用轮流的方式进行交谈。在谈话过程中,参与者应该轮流谈话。要求幼儿逐步学会耐心地听别人把话讲完后,再发表个人的意见。若是两人交谈,需要一问一答地轮流说话;若是多人交谈,则要求按潜在顺序逐个说话。有些幼儿在刚学习谈话时,会抢着讲,乱插嘴或做"忠实的听众",因此,教师在组织谈话活动时,应有意识地培养幼儿轮流交谈的习惯。三是用修补的方式延续谈话。谈话的参与者应该具有修补、延续谈话的意识和能力。教师可以通过示范、提问或引导,使幼儿掌握修补的方法。修补的方式主要有两种:一种是自我修补,即说话者在谈话时感觉别人没有理解自己的意思,于是采用自我重复或自我确认的方法,向别人传递自己要说的正确信息。比如幼儿对别人说:"昨天,我到水上乐园去玩了。"当听者没有太多的反应时,幼儿会重复说:"我到水上乐园去玩。"或者说:"就是××公园的××水上乐园。"另一种是他人修补。指谈话者在谈话过程中,对听到的信息不理解,然后用重复信息或提出问题的方式来修补谈话。如听到"水上乐园"时,因不知道是什么地方的水上乐园,可以重复信息"水上乐园"或提出问题"是哪里的水上乐园",当得到确切的回答之后,谈话就在双方互相理解的状态下得以继续。由此可见,在谈话活动中掌握修补的技巧对谈话双方信息的正确传递十分有益。

(四)为幼儿提供操作的机会,鼓励幼儿积极参与谈话

谈话是口头语言的操作,也是动脑的操作。要让每个幼儿都有动脑动口的机会,根据幼儿活动的特点,在谈话活动中适当增加一些其他方式的操作活动,将更有利于调动幼儿的兴趣,增进他们说话的积极性。例如在进行"好吃的早餐"谈话活动时,教师在"幼儿自由交谈"这一步骤中,设计了让幼儿边吃早餐边谈论早餐的内容,这样的安排使幼儿的谈话更有趣味性。因此,在各种谈话活动中,均可根据话题的内容,适当增加幼儿"操作"的机会。

案例分析

谈话活动：我爱吃的水果（小班）

活动目标

1. 帮助幼儿学习安静地倾听别人谈话，不随便插嘴，养成良好的倾听习惯。
2. 引导幼儿用简短的句子谈论自己爱吃的水果的名称、形状及味道。要求幼儿说普通话。
3. 鼓励幼儿与同伴个别交谈，积极参与集体谈话，在众人面前说话时，要求幼儿讲话声音响亮。

活动目标体现了小班幼儿学习谈话活动的基本要求。小班幼儿已经能够初步用语言来表达自己的想法，但是他们还不会跟别人谈话。因此，谈话活动的重点要放在引导幼儿注意听、用普通话说话、用简单的语言大胆地表达上，并且要求幼儿围绕话题说出自己的想法。

活动准备

1. 每人带一个自己爱吃的水果，用塑料袋装好，上课前放在椅子下面。
2. 另买几个水果，切成块状，上面插上牙签，用盘子装好。

有实物的谈话活动更能激发幼儿说话、讨论的兴趣。

活动过程

1. 创设谈话情境，引出谈话话题

将切好的水果拿给幼儿品尝，每人一小块，引起幼儿的兴趣。

教师问幼儿：水果好吃吗？你们喜欢吃水果吗？幼儿回答后，请幼儿把自己带来的水果拿在手上。

根据小班幼儿的特点，在"引出话题"这一过程中，教师采用"品尝水果"的方法导入。并在品尝的同时，提出问题：水果好吃吗？你喜欢吃水果吗？这一提问策略，旨在引起幼儿对话题的有意注意，帮助其集中注意倾听所要谈的话题,并通过味觉的参与,唤起幼儿对水果的已有经验,从而为下面的谈话做好准备。

2. 引导幼儿围绕"水果"的话题自由交谈

教师用提问的方式引出话题:你喜欢吃什么水果?你带来的水果是什么颜色、什么形状的?有什么味道?幼儿手拿水果与旁边的小朋友自由交谈。教师巡回参与谈话,提醒幼儿安静地听对方谈话,等别人说完自己再讲,对跑题的幼儿给予指导,用插话的方式将幼儿谈话的内容集中到谈自己带来的水果上。教师应注意听,对讲得好的幼儿给予鼓励和表扬,为下一步集体谈话做准备。

在品尝活动后,教师又请幼儿把自己带的水果拿在手上,并针对幼儿手中的水果提出问题。接下来教师让幼儿围绕所提的问题自由交谈,由于小班幼儿具有明显的"以我为中心"的谈话特征,教师要在这一过程中帮助幼儿学习结伴谈话,要求他们"小手拉小手,眼睛看眼睛",强调结伴谈话时手和眼的动作,以此帮助幼儿逐步养成"有意识地集中注意倾听"的习惯。为促进幼儿语言的发展,可根据本班的具体情况让能力强和能力弱的幼儿结伴,让能力一般的幼儿与能力强的幼儿结伴或让能力弱的幼儿与能力弱的幼儿结伴。不同结伴策略的运用旨在让每个幼儿都有谈和听的机会。

3. 引导幼儿拓展谈话范围

(1) 集体谈论"水果"。请在自由交谈中讲得好的幼儿在集体面前介绍自己带来的水果,教师用语言提示幼儿围绕"水果"说话,并要求讲话声音响亮,让大家都能听见。教师还要注意请语言水平较差的幼儿参与谈话,为他们提供在集体面前讲话的机会,帮助他们提高语言表达能力。

(2) 教师用提问方式提出新的话题:你还吃过哪些水果?吃水果有什么好处?让幼儿围绕新话题思考自己的谈话内容。此时,教师用平行谈话的方式参与谈话,给幼儿提供一定的谈话经验。

教师进行小结,使幼儿懂得吃水果身体好的道理。最后唱"苹果"歌结束。

"拓展谈话范围"是帮助幼儿形成交往能力非常关键的一环。它一再出现(在每一谈话过程中都有)的目的在于帮助幼儿逐步形成定向思考的能力,培养幼儿倾听和交谈的能力。

本活动拓展的内容是:从这个(水果)到这些(水果)(从特殊到一般);水果对人的益处(客体与人的关系)。

【案例来源】何芙蓉,胡陵.学前儿童语言教育[M].成都:西南交通大学出版社,2013.

谈话活动:我去旅行了(大班)

活动目标

1. 让幼儿积极参与谈话,能用连贯的语句讲清自己在旅游中的所见所闻与感受。

2. 要求幼儿注意倾听同伴的谈话,能迅速掌握别人的谈话内容,向同伴学习,积累谈话经验。

3. 在回忆性谈话中萌生热爱家乡、热爱祖国美丽山河的情感。

活动准备

1. 让幼儿把的旅游照片、旅游景点的纪念品等带来班级展示给大家。
2. 准备一些著名的旅游景点图片播放给幼儿观看。
3. 布置一个旅游物品展览区,把幼儿带来的所有物品都展览出来。

活动重难点

重点:积极参与谈话,能用连贯的语句讲清自己在旅游中的所见所闻与感受。

难点:幼儿独自完成自己在旅游途中所见所闻的描述,且描述要清晰明确。这就要求幼儿对事物有一定的分析、综合能力,会选择恰当的形容词进行描述,这对幼儿来讲有一定的难度。

活动过程

1. 创设情境,引出话题,激发幼儿谈话兴趣

教师:今天,我们班办了一个展览会。谁能告诉我这是一个怎样的展览会?

教师:在国庆假期小朋友与父母外出旅游,带回许多照片和当地的土特产,现在就请你们讲一讲在祖国各地旅游的事情。

在此环节,用情境引入话题,可以提高幼儿谈话的积极性,启发幼儿对话题

有关经验的联想,做好谈话的准备。

2.幼儿自由结伴,围绕话题展开交流

在让幼儿自由交谈的环节中,老师要求幼儿围绕话题谈谈自己在旅游时的感想。这个环节有两个作用:一是给每个幼儿充分表达的机会,因为全班30人以上,不可能让每个孩子都到集体面前谈自己的想法。如果幼儿在活动中缺乏表达的机会,会降低他们参与的积极性,导致在下个环节出现幼儿注意力分散等现象。二是给幼儿在小组进行个别交谈的机会,这样的谈话和在集体面前谈自己的想法是有区别的,可以增加幼儿不同类型的谈话经验。

3.鼓励幼儿在集体中交流旅游时的所见所闻与感受

教师:旅游时你看到些什么?你觉得最有趣的是什么?哪些事情是你第一次经历的?你带来了什么纪念品或土特产?

在这一过程中,老师逐步提出问题,层层深入,引导幼儿发表自己的感想。这不仅能帮助幼儿学习围绕话题谈话,而且能够让幼儿在不知不觉中完成倾听、对话等方面的学习,提高了幼儿的语言交往能力。

活动延伸

1.让幼儿回到家中给父母或者其他家人讲述在幼儿园发生的有趣的事情。
2.让幼儿思考外出旅游时应该带上哪些物品。

【案例来源】韩映红.学前儿童语言教育与活动指导[M].长沙:湖南大学出版社,2015.

思考与练习

1.试述学前儿童谈话活动的作用。
2.学前儿童谈话活动内容的选择应注意哪几个方面?
3.试述谈话活动与其他活动的区别。

第五章 学前儿童讲述活动

学习目标

1. 了解学前儿童讲述活动的特点及主要类型。
2. 熟悉学前儿童讲述活动的语言教育要求。
3. 掌握学前儿童讲述活动设计与组织的基本方法。

讲述活动以培养学前儿童独立构思和表述一定内容的语言能力为基本目标,是学前儿童语言教育的一种重要组织形式,在幼儿园语言教育中占有重要地位。但是,在教育实践中,因幼儿教师对讲述活动的基本特征、本质及基本规律认识不足而产生的各种问题层出不穷。因此,我们有必要在此深入地探讨一些学前儿童讲述活动的基本问题,以帮助广大幼儿教师理清思路,达到提高讲述活动质量的目的。

第一节 讲述活动概述

一、讲述活动的概念

学前儿童讲述活动,是一种有目的、有计划地培养学前儿童语言表述能力的语言教育活动,主要培养幼儿的连贯性言语和独白言语,要求幼儿能围绕一定的题目独立构思并表述一定内容,做到词语使用准确、搭配恰当,内容具体、

丰富,条理清楚,前后连贯。

讲述活动多以师幼间对话、幼儿与幼儿间对话等交互性的学习方式展开,即通过教师的层层点拨,引导和鼓励幼儿积极应答、探究和质疑,从而有效地促进幼儿语言运用能力的提高和发展。在此过程中,教师会根据相关内容进行提问,这是实现有效互动的基础,也是决定活动效果的关键因素。好的提问,可以激发幼儿的学习兴趣,启发幼儿的思维,调动幼儿学习的积极性。

开展讲述活动的一个必备要素是凭借物,即用以引出话题的图片、实物、情景等。凭借物是幼儿展开讲述的重要载体,也是讲述活动区别于其他语言活动的基本特征。

二、讲述活动的特征

(一)讲述活动有一定的凭借物

与主要围绕已有经验进行交谈的谈话活动不同,讲述活动要求幼儿根据一定的凭借物(如图片、实物、情景等)展开讲述。例如,围绕话题"可爱的蔬菜宝宝"开展讲述活动时,教师可为幼儿提供各种蔬菜实物作为凭借物,以此来划定讲述的中心内容,使幼儿的讲述语言具有明显的指向性。

(二)讲述活动有相对正式的语境

与宽松、自由的谈话活动不同,讲述活动为幼儿创设的是一种学习和运用相对正式的口头语言的情境。在讲述活动中,幼儿不能像在谈话活动中那么自由、随意,而要经过认真的构思和慎重的考虑,使用比较正式的语言,完整、连贯、清楚地表达自己的见解。例如,围绕"可爱的蔬菜宝宝"这一话题开展谈话活动时,幼儿可以随意地谈论"西红柿是红的""西红柿有点酸""西红柿有点甜""西红柿可以炒鸡蛋"等。但围绕此话题开展讲述活动时,幼儿则需要使用相对正式的语言,完整而连贯地介绍西红柿的特点——"西红柿是红色的,它的味道是酸中带甜,可以生吃,也可以煮熟了吃……"

(三)讲述活动的语言是独白语言

讲述活动通常要求幼儿独立构思和表达自己对某一内容的完整认识,幼儿的语言交流对象并不明确,往往由一个人讲给多个人听,话语相对较长,而彼此间的讲述内容是相互独立、各成篇章的,并不需要相互连贯。在讲述活动中,幼儿要锻炼的是一种运用独白语言表达个人见解的能力,这一过程对于部分幼儿来说是有一定难度的。此外,讲述建立在一般交谈的语言基础之上,与谈话活动相比,它对语言规范的要求更高。

(四)讲述活动需调动幼儿的多种能力

除了言语能力外,学前儿童在讲述活动中还需要运用诸如想象力、观察力、概括能力、逻辑分析能力等多种能力,如果缺少这些能力的配合,讲述活动就难以顺利、有效地开展,幼儿的讲述水平也不会提高。例如:在看图讲述活动"下雪了"中,幼儿首先要完整地认识图片,这就需要他们运用观察和综合分析的能力;其次要理解画面的主要内容,描述其中人物的动作和事件的主要经过,这就需要他们调动已有的生活经验并加以联想,再将其清楚、有条理地讲述出来。

三、讲述活动的作用

讲述活动能够有效提高幼儿的语言水平,同时对幼儿的认知发展、社会化发展等方面也能产生促进作用。

(一)培养幼儿的讲述能力

在讲述活动中,幼儿需要独立构思讲述的内容,确定讲述的顺序,考虑怎样让别人理解自己所讲的内容。例如,在讲述活动"丰富的自然角"中,幼儿在讲述前要先思考自己要讲述自然角中的哪些物品,先讲述什么,再讲述什么,重点讲述哪件物品,用什么样的词语来描述它们,等等。在这类命题性质的讲述实践中,幼儿能逐渐掌握讲述的一般方法和特殊方法,学会连贯、完整、清楚地讲述某一事物,逐步获得独立构思和完整、连贯表述的语言经验。

(二)锻炼幼儿的独白语言能力

幼儿园语言教育的目标之一是培养幼儿的表述能力,而独白语言是幼儿语言表述能力中十分重要的一个方面。在讲述活动中,幼儿有机会在集体面前独自讲述自己的想法,把一件事、一个物体或一个人讲清楚,并在教师的指导下,使自己所讲的内容逐渐达到完整、清楚、符合逻辑等要求。在这一过程中,幼儿的独白语言能力得到锻炼,综合的语言表述能力也逐步得到发展。

(三)教会幼儿认识事物的方法

幼儿在讲述之前,要先认识所讲的事物。通过讲述活动,幼儿能学会认识事物的顺序和方法。以讲述活动"美丽的菊花"为例,幼儿自己要先认识菊花,掌握认识菊花的顺序,如名称—颜色—花瓣形状—味道—叶子形状—用途—开花时间—赞美的话,按照一定的逻辑顺序使自己的讲述内容清楚、连贯,给听的人留下一个完整清晰的印象。

(四)发展幼儿的创造性思维能力

在讲述活动中,幼儿需要观察所讲述事物的特征、事件的发生原因和顺序,体会人物在不同状态下的思想情感。比如在看图讲述时,图片中的人、事、物往往都存在一定的因果关系或者有一定的前后顺序,幼儿要经过一定的推理、判断、分析,才能认识自己所要讲述的内容,然后再组织语言进行表述。此外,在看图讲述中,教师还要引导幼儿对画面以外的事物展开联想,这也有助于培养幼儿的想象力和创造性思维能力。

第二节 讲述活动的类型

讲述活动可以根据讲述所使用的凭借物的特点,分为以下四种。

一、看图讲述

看图讲述是教师启发幼儿在观察图片、理解图意的基础上,根据图片提供的线索,运用恰当的词句和完整连贯、有条理的语言表达图意的语言活动。它包括看图谈话、描述性看图讲述、创造性看图讲述、排图讲述、拼图讲述、绘图讲述等多种形式。看图讲述的凭借物是图片,即平面的具象画面。这类凭借物表现的是情景静止瞬间的暂停形象,教师在指导幼儿观察、理解并进行讲述时,还要引导他们联想图片之外的活动形象和与之连接的情节。

用于讲述活动的图片通常是对现实生活中实物和事件的再现,具有一定的直观性。它们色彩鲜艳、形象生动、情节鲜明,能够激发幼儿的想象。幼儿通过对这类图片的观察、联想,会产生积极表达的愿望。因此可以说,看图讲述是对学前儿童观察、思维和表述三种能力的综合培养。

看图讲述,根据图片运用方式的不同和对学前儿童要求的不同,可以细分为以下几类。

(一)看图谈话

看图谈话,主要是幼儿根据图片内容,在教师的提问和引导下,通过一问一答的形式,把图片中表现的主要内容清楚地讲出来。这种形式的活动主要在小班进行,如看图谈话"小红上幼儿园""搭积木"等。

(二)描述性看图讲述

描述性看图讲述,要求幼儿不仅能观察到图片所描绘的对象的主要特征,而且能观察到细节部分,把握事物之间的关系,恰当地使用语言进行较为细致的描述,讲清楚图片上表现的是什么内容。这种形式的活动主要在中班进行,如看图讲述"在动物园里""小熊望月"等。

(三)创造性看图讲述

创造性看图讲述,不仅要求幼儿讲出图片中主要和次要内容的特征以及它们的相互关系,还要求幼儿能在教师的帮助下,讲出那些与图片内容有必然联系,但图片上没有直接表现出来的事物或内容,比如事件发生前和发生后的情节、人物的心理活动、人物的对话等。创造性看图讲述要求幼儿能充分发挥自己的想象力,用连贯的语言讲述图片所体现的故事。这种形式的活动一般在大班进行,如看图讲述"大象救兔子""猴子捞月亮"等。

(四)排图讲述

排图讲述是为幼儿提供一组无序号的图片,让他们根据画面的内容将图片排成一定的顺序并据此讲述故事情节的活动。一般来说,教师提供的这组图片所反映的内容,必须是幼儿所熟悉的。同样的图片由于幼儿理解与思维的结果不同,可能会排出不同的序列,所编构的故事也就多种多样。这就要求每幅图片既要有相对的完整性,又要与其他图片存在一定的内在联系,以确保多种排列的可能。这种讲述活动既能培养幼儿的讲述能力,又能培养幼儿的逻辑思维能力和想象力,比较适合在中大班进行。

(五)拼图讲述

拼图讲述是看图讲述的一种,是对看图讲述的拓展。在拼图讲述活动中,教师不直接向幼儿提供讲述的凭借物,而是为其准备各种构图的材料,如积塑玩具、贴绒图片、磁铁图片等,让其根据一定的主题构思,摆放,粘贴,拼出各种各样的画面,然后展开联想以编构出一个个完整的、有情节的故事,并将它们清楚地表述出来。这种讲述可以让幼儿独立拼出场景,自由地讲述,也可以让几个幼儿合作拼图并创编完整的故事。在这一过程中,幼儿的口语表达能力会得到提升,他们的创造性思维能力也会得到很好的锻炼。

拼图讲述活动能够有效地克服传统看图讲述活动中图片完全由教师选定的不足,它以灵活多变的形式充分调动起幼儿的主动性和积极性,符合幼儿心理发展的特点,实现了让幼儿在讲述中动手、动脑、动口的目的,深受幼儿喜爱。小、中、大班都可以开展这种乐趣多多的活动。

(六)绘图讲述

所谓绘图讲述,从广义上讲,是指将绘画、泥工、折纸等手工活动与讲述结合起来的一种综合性活动。绘图讲述所用的材料均由幼儿自己动手制作,因此在刚开始引入这种活动形式时,一般建议分两次展开活动:在第一次活动中,组织幼儿制作相关材料,如绘画、捏泥等;在第二次活动中,引导幼儿围绕作品进行讲述。待幼儿对这种活动形式充分熟悉后,教师再将二者有机融合到一次活动中。

绘图讲述既有拼图讲述"动手、动脑、动口"的优点,又兼顾了面向全体、因材施教的教学要求,活动的形式更灵活,内容更丰富,能让幼儿在动手操作和讲述的过程中体验自由创造的乐趣。但需要注意的是,对不同年龄班幼儿所提的要求应有所不同。例如,允许小班幼儿先绘图后讲述,要求中班幼儿边绘边说,重点培养大班幼儿先讲述后绘图的能力。

二、实物讲述

实物讲述是一种以具体的实物为凭借物,指导幼儿感知理解实物并进行讲述的活动。其中,实物可以是教具、玩具、动植物和日常生活用品等。教师在指导幼儿进行实物讲述时,应注意:实物讲述活动的重点在于达成描述、倾听等语言方面的目标,而不是花时间去认识这种实物。如"美丽的菊花"这一讲述活动,就应该安排在幼儿已初步了解菊花多方面的特征之后进行,否则幼儿就可能在活动中花费大量的时间去认识菊花,导致活动在语言方面的目标要求被忽视。实物讲述活动在三个年龄班都适用。

三、情境讲述

情境讲述是指幼儿在教师的启发和引导下观看情境表演并完整、流畅地讲述情境表演内容的教学活动。情境表演包括真人表演、木偶表演、录像展示的一段情境等。情境讲述要求幼儿在观看表演后立刻将内容讲述出来,因此幼儿在观看表演时必须集中注意力,要记住人物的对话、动作,以及事件的发展过程,还要有一定的想象力和思维拓展能力,要能感受到人物内心的情绪变化和心理动态,并将其准确地讲述出来。这种讲述有一定难度,因此一般把它安排在小班后期或中班早期进行。这一类型的讲述活动有"小马过河""小羊过桥"等。

四、生活经验讲述

生活经验讲述是指幼儿在教师的启发和引导下,利用凭借物,围绕一个主题,流畅、完整、连贯地讲述生活经验的教学活动。生活经验讲述不仅能训练幼儿按照主题要求,完整、连贯地讲话的能力,还能激发幼儿的观察热情和积极的生活态度。

生活经验讲述要求幼儿根据自己的理解,对自己经历中零散、片断的感受进行思考和加工,用恰当的词句将其组织成一段有条理的表述。因此,生活经验讲述对幼儿的语言组织和概括能力要求较高。除了要求幼儿有较强的表述能力外，还要求幼儿能正确地感受和理解社会生活，了解人们之间的关系。这一类型的讲述有"有趣的动物园""庆祝六一儿童节"等。此外，生活经验讲述还包括对幼儿个人经验和感受的讲述，如"今天我最高兴的事""暑假里最好玩的事情"等。这类讲述活动在三个年龄班都适用。

第三节 讲述活动的语言教育要求

一、讲述活动的教育目标

（一）培养幼儿感知理解讲述对象的能力

在幼儿语言发展的过程中，他们不仅要学会表达自己的想法，还要学会按照主题要求去构思和讲话，这就需要幼儿积极地感知理解"要求说"的内容，而讲述活动就是提高这方面能力的良好途径。

从语言学习的角度来看，感知讲述对象、理解有关讲述内容，是一个综合信息的过程。它不仅要求幼儿听懂指示，还要求幼儿观察讲述对象——凭借物，然后通过想象、判断、推理等多种思维活动，从中获取知识，提高认识。这一过程并不是简单的听和说，它还涉及各种语言和语言之外的认知能力。例如，在讲述活动"风筝飞上天"中，教师先出示风筝的图片，让幼儿结合图片了解风筝的外形、玩法，制作风筝的材料，然后让幼儿分组讨论："风筝是什么样的？""你怎么放飞风筝？"引导幼儿发表自己的见解。这一过程不仅从不同角度加深了幼儿对讲述对象的感知，还对幼儿语言和其他方面能力的发展产生了很大的促进作用。

（二）培养幼儿独立构思与清楚、完整表述的能力

讲述活动为幼儿提供了锻炼独立构思和清楚、完整表述能力的好机会。例如，在讲述"森林里的声音"时，幼儿必须独立思考：录音里都有哪些动物的声音？它们是怎样叫的？当动物这样叫时会发生怎样的事情？然后，再将这些内容清楚、完整地在集体面前表述出来。这类活动可以从以下四个方面提高幼儿

的语言水平。

第一,提高幼儿在集体场合自然大方讲话的能力。通过教师的指导,幼儿能够在讲述活动中逐步学会如何在集体面前自然大方地讲话。在集体场合自然大方地讲话,要做到如下四点:一是勇于在许多人面前说出自己的想法;二是乐于跟别人分享自己的观点,积极地说话;三是说话不扭捏作态,不脸红害羞,不胆怯退缩;四是用大于平时讲话的音量和正常的语调、节奏在集体面前说话。

第二,提高幼儿使用正确的语言内容和形式进行讲述的能力。幼儿仍处于语言学习的过程之中,他们的表述还会出现语音、语法、词汇方面的错误。讲述活动要求幼儿使用规范化的语言,这就要求教师必须不断地引导幼儿改正错误,一步一步地向正确的方向靠拢,逐步提高语言水平。

第三,提高幼儿有中心、有顺序、有重点地讲述的能力。讲述活动要求幼儿使用独白语言,这能够逐步培养幼儿有中心、有顺序、有重点地说话的意识和能力。有中心地讲述,要求幼儿敏锐地感觉说话的范围,在讲述时不跑题,不说与中心内容无关的事;有顺序地讲述,要求幼儿按照一定的逻辑规律来组织自己的口语语言,增强表达的清晰度和条理性;有重点地讲述,要求幼儿抓住事件或物体的主要特征,传达最重要的信息,而不是漫无目的地随意讲话。

第四,提高幼儿对语言的调节能力。讲述活动要求幼儿在活动中认真倾听别人的讲述,判断他人的讲述内容是否与自己的相同;要求幼儿根据不同的语境和听者的反应来调节语言表达的方式,以保证交流信息的清晰度。例如,讲述活动"有趣的线条"要求幼儿根据凭借物——绳子展开讲述,由于每个幼儿用绳子摆出的图形不一样,他们由此想象出的东西也就不一样,因而各自讲述的内容也会有所不同。因此,幼儿就需要在倾听别人讲述的基础上,调节自己的信息,大胆想象和讲述出与他人不同的东西。再如,讲述"春天的阳光"与讲述"有趣的星期天"不一样,看图讲述和情境讲述之间也有差异。可以说,每一次具体的讲述活动,都对幼儿提出了感知语境变化的具体要求,幼儿在学习讲述的过程中,会逐步培养自己对语言变化的敏感性,提高随语言环境变化调节表述方式的能力。

二、讲述活动的年龄阶段目标

《纲要》对学前儿童讲述活动的语言教育目标做出了明确要求,下面从"知识、技能与方法""情感与态度"两个维度对小、中、大班讲述活动的语言教育目标进行粗略分类,详见表5-1。

表5-1 学前儿童讲述活动的年龄阶段目标

	小班(3—4岁) 目标具体内容	中班(4—5岁) 目标具体内容	大班(5—6岁) 目标具体内容
知识、技能与方法	1.能按照要求去感知讲述内容 2.能正确说出讲述内容的主要特征 3.理解内容简单、特征鲜明的实物或图片	1.逐步学会理解图片或情景中展示的事件顺序 2.学会按照一定的顺序讲述实物、图片和情景的内容 3.能积极地倾听他人的讲述内容,发现异同,并从中学习好的讲述方法 4.养成先观察后表述的好习惯	1.通过观察,理解图片与情景中蕴含的主要人物关系和思想感情倾向 2.能有重点地讲述实物、图片和情景,突出讲述的中心内容 3.讲述时语言表达流畅,没有明显的停顿现象,用词用句较为准确
情感与态度	1.愿意在集体面前讲述 2.能安静地听老师或同伴讲述,并用眼睛注视讲述者	1.能主动地在集体面前讲述,声音响亮,句式完整 2.能积极地倾听别人的讲述内容	在集体面前讲话时,态度自然大方,能根据场合的需要调节自己的音量和语速

第四节 讲述活动的设计与组织

一、讲述活动的设计要求

（一）目标要求

在制定讲述活动的目标时，应注意以下几个方面：

1. 目标要具体

在讲述活动中，教师所制定的目标应与本次活动的主要内容紧密相连，同时要具体、详细，既不能将目标定得过大，也不能过于形式主义。

2. 目标要重点突出

讲述活动中主要的目标应是表述方面的内容。因此，在确立目标时，要突出重点表述目标。一次活动的目标不要过多，2—3条即可，重点目标放在前面，相对次要的目标排在后面。

3. 目标要全面

目标不但要突出重点，还要全面地反映本次活动的内容。在讲述活动中，教师不仅要考虑语言方面的目标，还要顾及其他方面的目标。唯有如此，才能正确地指导教学，使教学目标真正落到实处。

（二）活动内容的选择要求

在选择讲述活动的内容时，应注意以下几个方面：

1. 内容的选择要体现多样性

在选择讲述活动的内容时，应努力拓宽内容选择的范围，从日常生活以及幼儿喜闻乐见的各种事情中选取有价值的部分作为讲述的主要内容。

2. 内容的选择要符合讲述活动的特点

讲述活动的语言是独白言语,具有相对正式的语言情境。而对幼儿来讲,他们的独白言语刚开始形成,发展水平还普遍较低。因此,教师所选的讲述内容篇幅不能过长,情节不能过于复杂。例如,教师不应选择复杂事件或长篇图书作为幼儿讲述的内容。此外,还要确保所选内容适于幼儿运用独白言语。

3. 内容的选择要符合幼儿身心发展的特点

教师所选的内容要符合幼儿身心发展的特点,尤其要考虑到幼儿知识经验和言语经验的局限性。具体来说,应满足如下要求:

第一,在看图讲述中,所选图片色彩鲜明、协调,画幅较大;图片中的情节简单明了,人物形象鲜明、突出;图片的数量最多不超过6张;图片的内容积极、健康,有助于对幼儿进行品德和知识教育。

第二,在生活经验讲述中,所选内容是幼儿生活范围内熟悉并感兴趣的;每次讲述只涉及一个特定的问题,题目具体且贴近幼儿生活。

第三,在情境表演讲述中,人物不要太多,情节不要太复杂,表演的时间不要太长。

二、组织讲述活动的基本步骤

讲述活动的类型虽然多种多样,但在设计与实施中依然存在一个相对稳定的基本结构。一般来说,学前儿童讲述活动应按照如下步骤组织展开。

(一)感知理解对象

这一阶段的重点是指导幼儿观察、感知和理解讲述对象,为讲述打好认知层面的基础。教师要充分调动幼儿的各种感知觉,以帮助幼儿更好地感知、理解所要讲述的对象。在看图讲述、实物讲述、情境讲述中,幼儿一般是通过仔细看图、看实物、看表演去认识和理解讲述对象的。当然,在具体的讲述活动中,幼儿用以感知、理解讲述对象的方式也会有所不同。例如,在实物讲述"神奇的口袋"中,幼儿需要闭上眼睛,从布袋里摸出一样实物,通过触摸去感觉物体的特征,猜出物体的名称,进而讲述物体的形状与性质。又如,在听音讲述"夏天的森林"中,幼儿需要先听一段录音,运用听觉分辨出录音中的各种声响,如知了、小鸟、青蛙、蟋蟀的叫声等,通过听录音,将各种声音联系起来,发挥想象力,讲述夏天的森林里可能会发生的有趣故事。

教师可从如下三个方面着手,指导幼儿感知、理解讲述对象:

第一,依据讲述类型的特点去感知、理解讲述对象。例如:在叙事性讲述中,应重点感知事件发生的过程以及人物在其中的作用;在描述性讲述中,应重点感知物体的形态或人物的状态、动作、特征等。

第二,依据凭借物的特点去感知、理解讲述对象。讲述活动中的凭借物是多种多样的,可能是几幅相互之间有一定逻辑关联的图片,也可能是某个立体的实物,又或者是某些听觉信息所组成的活动情景。教师在指导幼儿感知理解讲述对象时,应充分抓住这类讲述对象的具体特点。

第三,依据具体的活动要求去感知、理解讲述对象。每一次讲述活动的目标要求是不同的,有时要求幼儿有中心、有重点地讲,有时要求幼儿有顺序地讲。教师要根据活动的具体要求指导幼儿观察,以便为讲述打好基础。

(二)运用已有经验讲述

在幼儿对讲述对象有了一定程度的理解后,教师就应该调动幼儿的积极性,引导幼儿运用已有的言语和知识经验展开讲述。在这一环节中,教师要尽量放开,鼓励幼儿自由发挥、自由讲述,给他们充分的实践机会。

组织幼儿运用已有经验讲述的方式有很多,基本上可以归纳为以下三种:

一是幼儿集体讲述。这种方式虽然是集体活动的状态,但给予每位幼儿充分的发表个人见解的机会,使他们都能围绕感知对象自由表述。如中班讲述活动"我喜欢的水果",教师在活动中不做内容方面的具体规定,而是让幼儿根据个人的生活经验,自由地向同伴介绍自己喜爱的水果。

二是幼儿分小组讲述。一般情况下每组4—6人,幼儿可有更多的机会围绕同一种感知对象,轮流进行讲述。这种方式具有一定的直接交流的性质,能保证每位幼儿均有讲述的机会。

三是个别交流讲述。个别交流讲述常常是幼儿一对一地进行讲述。教师可以让幼儿就近与邻座同伴结成对子,轮流讲述;也可以让幼儿对着假想角色进行讲述。如讲述"我最喜欢的小动物",可以让幼儿对着假想角色(如毛绒玩具),讲述自己最喜欢的小动物。这样的讲述方式,对幼儿具有很大的吸引力。

此外,教师在指导幼儿运用已有经验进行讲述时,需要注意以下两点内容。第一,在幼儿自由讲述前,教师要交代清楚讲述的具体要求,提醒幼儿要围绕感知理解的对象进行讲述。第二,在幼儿自由讲述的过程中,教师要注意倾听幼儿所讲的内容,既要善于捕捉幼儿讲述中的"闪光点",又要及时发现其中存在的问题。在讲述活动中,教师应以插问、简单提问等形式启发幼儿,不要过多指导幼儿讲述,以免干扰幼儿的自主思考和对自身生活经验的运用。

(三)引进新的讲述经验

经上一阶段"开放性"的讲述之后,教师应将活动导入"收"的环节,为幼儿引进新的讲述经验。

新的讲述经验是每次讲述活动的学习重点。在制定活动目标时,教师应充分考虑上次活动的重点、已解决的问题、达成目标的情况,以便在此基础上向幼儿提供新的讲述经验。新的讲述经验主要是指讲述的思路和讲述的方式。

教师可以采用多种多样的方式为幼儿引进新的讲述经验,这些方法归纳起来主要有以下三种:

第一,教师亲自示范新的讲述经验。在幼儿自己讲述的基础上,教师就同一讲述对象发表个人见解,提出一种新的讲述思路。例如:在大班讲述活动"变色的房子"中,教师先请幼儿自己观察图片,大胆想象并尝试讲述;然后,教师再介绍自己的观察,按照这一组图片,将小猪请来他的好朋友们帮忙刷房子的内容构成有情节的故事讲述出来。教师的这种示范,提供的只是一种讲述的思路,而不是供幼儿复制或模仿的模板。如果教师不能正确地看待示范的作用,教条地要求幼儿按照自己讲述的内容一字不漏地重复,那么幼儿的讲述便毫无趣味可言,他们的积极性和创造性也会受到影响。

第二,教师通过提示引进新的讲述经验。在一些活动中,教师可以用提问、插话的方式,启发幼儿的讲述思路,帮助他们建构新的讲述经验。

第三,教师与幼儿一起讨论新的讲述思路。教师可以从分析某几位幼儿的讲述内容入手,与幼儿一起归纳新的讲述思路。例如,在看图讲述"小兔子捉迷藏"中,教师可以通过对前一幼儿讲述的分析评价,帮助幼儿理顺讲述的思路,如:小兔子来公园干什么—后来谁又来了—它们一起做了什么游戏—在游戏过程中发生了什么事情—问题是怎么解决的。

（四）巩固和迁移新的讲述经验

在讲述活动中，仅仅引进新的讲述经验是远远不够的，教师还需要给幼儿提供实际操练新经验的机会，以帮助他们更好地获得这些经验。具体做法有以下几种：

第一，由A及B。当幼儿学习了一种新的讲述经验后，教师应立即提供同类内容，让幼儿重新以讲述A的思路去讲述B。例如，在实物讲述活动中，幼儿学会了由外及里、由外形特征到用途的讲述顺序，在此基础上，教师可鼓励幼儿用同样的思路向同伴介绍另一种实物，以帮助幼儿更好地掌握和运用所学的新经验。

第二，由A及A。教师在示范了新的讲述经验并帮助幼儿理清思路后，应鼓励幼儿尝试用新的讲述方式来讲同一件事、同一个情景。例如，在学习讲述"秋天的菊花"后，让幼儿练习向家长或小伙伴介绍菊花。需要强调的是，在这种方法的运用过程中，教师应要求幼儿创造性地运用新的讲述经验，尽可能避免模仿和重复他人的话。

第三，由A及A1。教师在原有讲述内容的基础上，向幼儿提供扩展或延伸原内容的讲述机会。例如，在学习讲述"秋天的菊花"后，可以继续讲述"夏天的荷花""春天的桃花"等。

三、指导讲述活动的主要方法

（一）示范

讲述活动对幼儿的基本要求是能运用独白言语连贯地描述或叙述一个事件。这对幼儿来说，难度相对较大。因此，讲述活动中教师要经常运用示范的方法。所谓示范，指教师对某一物体或事件做简单、生动的描述，给幼儿提供可模仿的示范。示范的方法一般适用于以下情况：幼儿刚开始学习讲述时；对幼儿提出新的讲述要求时；对不善于讲述的幼儿进行帮助时；有必要时，以示范作为讲述活动的总结。

值得一提的是，示范在看图讲述和生活经验讲述中运用得较多。幼儿刚开始学习看图讲述时，往往会因为生活经验和词汇的贫乏而讲不好，所以需要教师的示范和引导。如教师应教会幼儿怎样从一部分观察到另一部分、怎样从主要部分看到细节、怎样对人和物进行描述、怎样分析图片上事物之间的关系,以及怎样按图编故事等。而在生活经验讲述中,示范也是教师常用的有效方法。例如:教师可以讲讲自己童年的事,也可以把其他幼儿的讲述转述给自己班的幼儿听;既可以讲真人真事,也可以讲虚构的故事。教师的示范讲述要能引起幼儿自己讲述的愿望,同时应具有启发性,能让幼儿学会把自己的经验讲出来的方法。

(二)提问

提问是教师指导讲述活动的基本方法。教师的提问能起到引导幼儿观察、理解图片(或表演)内容,帮助幼儿使用恰当的词句进行讲述的作用。下面着重谈提问在看图讲述中的运用。

1.教会幼儿看图的方法

(1)看图的重点

看图的重点主要包括两个方面:观察主要内容、观察细节。根据活动目标与图片内容的不同,教师对幼儿看图的要求也有所不同。并不是每一幅图都只看"主要内容"或只看"细节",必须根据素材的中心主题去判断要看什么,重点看什么。

(2)看图的顺序

①从主要情节到次要情节。

②从上到下、从左到右、从近到远。

③从活动到地点、从环境到人物的关系。

④单幅图:从整体到部分再到整体。多幅图:从部分到整体。

明确了"看的内容"和"看的顺序",教师才能有效地、有针对性地对幼儿提问。提问是帮助幼儿理解图片的重要方式。

2.看图讲述的提问策略

看图讲述的一般过程是"看—想—讲",这一过程离不开教师的提问。

(1)提问的类型

①描述性问题(针对画面中的人、景、动态特征):有什么?有谁?是什么样

的？在做什么？什么表情？

②判断性问题：是什么关系？在什么地方？什么时候？有什么一样？有什么不一样？会怎么样？

③推理性问题：在说什么？会想些什么？

④分析性问题：为什么？怎么知道的？

描述和判断性的问题偏封闭，针对性较强；而推理和分析性的问题偏开放，拓展性强。教师要根据幼儿的年龄和题材内容的特点去综合选用上述提问类型，不能单一凭某一方面判断。

(2) 提问的方法

提问切忌"多"和"泛"。教师的提问应起到引发幼儿兴趣、帮助幼儿理清思路的作用，而提问"多"和"泛"会打断幼儿的思考，割裂幼儿对故事的整体理解，降低幼儿对读图和倾听的兴趣。

问题与问题之间是有关联的，教师在设计问题时应注意以下两个方面：第一，所提的问题之间要有层次性；第二，每个问题都要有价值。此外，有些简单问题幼儿一看图片就能知晓，不一定非得通过提问引出来。因此，教师在提问时还需考虑以下几点：第一，所提问题要能帮助幼儿理清图片或故事的脉络；第二，所提问题要能引导幼儿分析比较；第三，所提问题要能引导幼儿抓住图片或故事的关键；第四，所提问题要能引导幼儿深入理解图片或故事。

(三) 提供讲述提纲

提供讲述提纲这一方法主要应用于生活经验讲述和创造性讲述活动之中。它是指教师给幼儿规定讲述内容和顺序要点的一种指导方法。幼儿根据提纲进行讲述时，教师可根据其年龄的不同，适当调整对他们的要求。例如，对六岁以上幼儿讲述的目的性和连贯性，教师应提出明确的要求，要培养他们认真听提纲的意识，要求他们按提纲讲述。若幼儿在讲述中偏离提纲，教师要适时指出，最好让每个幼儿都明确应当先讲什么，再讲什么。而对于五岁左右刚开始学习讲述的幼儿，教师可适当放宽要求。若幼儿在讲述中偏离了提纲，教师可以不打断他的讲话，待他讲完再指出不完整、不连贯之处。

(四) 组织集体编讲述内容

组织幼儿集体编讲述内容这一方法主要应用于创造性讲述的最初阶段，其中以看图编故事和续编故事这两种形式最为常见。一般做法是先让幼儿分小组按照提纲进行讨论,然后教师请各小组的代表把编好的内容讲出来。这种方法的优点是幼儿可以较自然地体会凭想象讲述是怎么一回事,同时,因为谁讲得好,就把谁的内容编到故事中去,这种方式带有竞赛性,幼儿的积极性能被充分调动起来;缺点是你一言我一语的互动形式缺乏交流的连贯性。

此外,教师还可以在班级中开展各种讲述活动的比赛,如"故事大比拼""词语接龙"等。在日常生活中,教师要鼓励幼儿讲述自己的发现,鼓励幼儿尝试使用不同的词语和句式。例如,利用窗外的植物开花了这个契机,引导幼儿用一个好听的词语来形容小花,如"漂亮""鲜艳""美丽"等,并进一步引导幼儿使用"因为……所以……"这个句式来表达自己对小花的喜爱。在生活中,这类的教育契机还有很多,教师要善于发现,帮助幼儿积累语言经验。

(五)评议

讲述活动需要及时评议,目的在于使幼儿积极模仿教师肯定的某些讲述。因此,评议不必放在讲述活动的最后,而应该在每个幼儿的讲述结束后及时进行。当然,也不必对每个幼儿的讲述都全面评价,选择有价值的部分评议即可,如内容、用词、造句、语调、表情、语气等方面有可取之处,就应及时给予表扬。

教师对幼儿的讲述进行恰当的评价是十分重要的,需要注意:

第一,幼儿受生活经验、词汇量和思维特点的限制,在讲述过程中常常会出现意思不准确、用词不正确、跑题等现象。对幼儿讲述中出现的个别错误,教师不必太在意,应该耐心听幼儿讲完,不要挫伤幼儿的自尊心和积极性,要相信幼儿对语言的运用能力会逐步发展和提高。

第二,幼儿语言能力的发展在个体间存在明显差异。对那些理解能力、用词和表达水平有所欠缺的幼儿,教师要特别关注,并及时给予帮助和鼓励。

第三,教师要时刻关注幼儿的表现,当幼儿的讲述出现错误时,要适时给予指导,帮助幼儿掌握讲述的技巧,不断提高幼儿的语言运用能力。

(六)家园共同指导

著名教育家苏霍姆林斯基曾指出,没有家庭教育的学校教育和没有学校教育的家庭教育都不可能完成培养人这一极其细致而复杂的任务。因此,教师一方面要向家长介绍讲述的重要性,从思想上提高家长对讲述活动的认识,另一方面要向家长介绍培养孩子讲述能力的正确方法,消除他们"不会教"和"教不好"的顾虑,为他们提出宝贵的建议。例如:多带孩子到书店买书、看书;给孩子做书架,供其放书;在家设立"表扬栏",在孩子讲述后给予他们一定的肯定和鼓励;充分利用节日、生日等家庭聚会,让孩子在家人面前讲述;每天与孩子一起完成讲述任务;把孩子的讲述情况及时反馈给老师;等等。幼儿在老师和家长的共同指导下,其讲述能力会得到更显著的提高。

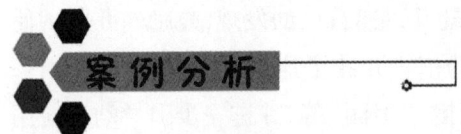

看图讲述活动——"请大家保护水"(大班)

活动目标

1. 引导幼儿看图讲述。
2. 引导幼儿了解周围的环境,增强幼儿的环境保护意识。

活动准备

1. 与水有关的录像。
2. 表现人类生存、植物生长、机器生产等离不开水的图片。

活动过程

1. 谈话引入

师:小朋友们,你们看看老师给你们带来了什么?(拿出一杯水)你们知道水有哪些用处吗?(请幼儿回答)对了,水的用处可多了。干净的水大家都喜欢,那如果水被污染了,我们该怎么办呢?(请幼儿回答)

板书课题:请大家保护水。

2. 新授

(1)教师出示图一

师:小朋友们,你们看这里的景色美吗?

幼:美!

师:谁来说一说这幅图上都有什么呢?

幼:清清的水,绿绿的草,还有蹦蹦跳跳的青蛙和游来游去的小鱼。

师:你们从这幅图中还发现了什么?

幼:小鱼和青蛙都高兴地笑了。

师:是啊!小鱼和青蛙都高兴地笑了,说明这里是适合它们生存的乐园,可是好景不长,一件可怕的事情发生了。

(2)教师出示图二

师:小朋友们,你们看这里发生了什么事呢?(请幼儿互相讨论)

小结:有些人乱扔垃圾,破坏了环境,污染了水质,水变得浑浊了,荷叶也黄了,就连青蛙也离开了。

(3)教师出示图三

师:谁来说一说最后一幅图呢?

幼:水变黑了,小鱼也死了,就连小草也黄了。

师:哪位小朋友愿意把这几幅图连起来讲一讲呢?(指定幼儿讲述)

3.讨论

师:小朋友们,你们说说这些人的做法对吗?为什么?(幼儿可以有不同的答案)

4.思维拓展

师:那我们应该怎样保护水呢?(请幼儿互相讨论)

5.观看图片或录像

观看表现人类生存、植物生长、机器生产等离不开水的图片或录像,让幼儿知道水的重要性。

【案例来源】赵洪,于桂萍.幼儿园教育活动设计与指导[M].北京:北京理工大学出版社,2018.

思考与练习

1.试述学前儿童讲述活动的主要特点。

2.试述学前儿童讲述活动设计与组织的基本结构。

3.简述学前儿童讲述活动的作用。

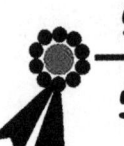

第六章
学前儿童听说游戏活动

1. 了解听说游戏活动的基本内涵。
2. 熟悉听说游戏活动的主要特点。
3. 掌握听说游戏活动的语言教育目标。
4. 掌握听说游戏活动设计和组织的基本思路。

听说游戏是幼儿园一种特殊形式的语言教学游戏,是由教师根据本班幼儿听、说能力的发展情况设计并组织的,以发展幼儿倾听和表述能力为主要目标,幼儿感兴趣并乐于参与的一种教学游戏。

第一节　听说游戏活动概述

一、听说游戏活动的含义

听说游戏是为培养幼儿倾听和表述方面的能力而专门设计,用游戏的方式组织幼儿进行的语言教育活动。它是一种特殊形式的语言教育活动,这种特殊性体现在如下三个方面:

第一,听说游戏含有较多的规则游戏的成分。它能够较好地吸引幼儿参与到语言学习活动中来,并在愉快的活动中完成语言学习任务。

第二,听说游戏的活动目标以培养幼儿倾听和表述的能力为主,活动内容主要集中在听(对言语的理解)和说(口头表达)两个方面。

第三,听说游戏强调教师的指导作用。听说游戏是在教师的组织指导下,以发展学前儿童语言能力为目的的教学游戏。它具有规则性、趣味性、活动性及指向性等特点,能为幼儿提供练习说话的实践机会,促进幼儿对答、应变、协调等方面能力的发展。

听说游戏不同于一般的语言游戏,它是语言教学的游戏。而所谓的语言游戏,是指幼儿在语言发展过程中自发地操练语音、语词的一种现象。语言游戏带有明显的自发言语的特点,有玩弄操练口语的性质,是无意义的、非具体指向性的语言活动。这种语言现象很大程度上带有自娱的意味。相较而言,听说游戏则由教师设计组织,有明确的语言学习指向目标,有明确的语义内容,因而与语言游戏有很大的区别。

由此可见,听说游戏既不同于其他形式的语言教育活动,也不完全等同于语言游戏,它兼具活动和游戏的双重性质。

二、听说游戏活动的特征

(一)在游戏中包含着语言教育目标

听说游戏有明确的语言教育目标,每一个听说游戏都包含着对学前儿童语言学习的具体要求。听说游戏所包含的语言教育目标有如下特点:

1. 目标具体

一般而言,听说游戏对幼儿提出的语言学习要求都十分具体。例如,小班幼儿经常混淆"zh、ch、sh"和"z、c、s"的发音,教师就可以用听说游戏的方式来帮助幼儿学习正确的发音,将发准"zh、ch、sh"三种卷舌音作为一次活动的具体目标。

2. 目标具有练习性

听说游戏更多的是根据近阶段幼儿语言学习的重点需求来设计相应的游戏活动,旨在让幼儿在游戏中复习和巩固已学的语言内容,真正获得这一方面的语言运用能力,一般不给幼儿提出新的语言学习任务。

3. 目标含蓄

听说游戏将语言教育的目标渗透到游戏的过程之中,能让幼儿在边玩边说中不知不觉地完成学习任务,达到本次语言教育活动的要求,这是听说游戏特有的优势。

(二)将语言学习的重点内容转化为一定的游戏规则

听说游戏都有一定的游戏规则。教师在设计听说游戏时,会根据具体的语言教育目标,选择适当的语言学习内容,并将本次活动的语言学习重点转化为一定的游戏规则。例如,在小班听说游戏"小白羊吃青草"中,一名教师扮演羊妈妈,幼儿扮演小白羊,羊妈妈带小白羊到草地上吃青草,幼儿边跳边念儿歌:"小白羊,跑跑跑,一起跑到草地上,吃吃吃,吃青草,吃吃吃,吃个饱。"反复念后,一只大灰狼(由另一名教师扮演)跑出来大吼一声:"大灰狼来了!"此时,扮演小白羊的幼儿就需要快速跑到羊妈妈身边蹲下,表示回到家受到了妈妈的保护,否则就会被大灰狼"吃掉"。这样的听说游戏,能激发幼儿强烈的兴趣,吸引他们全身心地投入到活动中去。他们会饶有兴趣地反复玩这个游戏,反复念这首儿歌,最后达到语言学习的目的。

(三)在活动过程中逐步扩大游戏的成分

听说游戏兼具活动和游戏的双重性质。从活动组织形式上来看,它具有从活动入手,在过程中逐步扩大游戏成分的特征。

听说游戏带有明确的学习任务。活动开始时,教师需要帮助幼儿理解游戏的内容,交代游戏的规则,示范游戏的玩法,然后带领他们开展游戏。在幼儿逐步熟悉游戏规则、掌握游戏玩法后,教师再放手让他们独立进行游戏。可以说,听说游戏是以活动的方式开始,以游戏的方式结束。教师的主导作用在活动开始时比较明显,而后随着幼儿对游戏熟悉水平的提高而逐渐减弱,直至幼儿完全自主地进行游戏。

听说游戏存在着以下三种由活动向游戏过渡的形式:

1. 由外部控制向内部控制转换

听说游戏刚开始时,由教师主导创设游戏情境,交代游戏规则,幼儿只是被动地观察、听讲、思考,而当他们对游戏产生兴趣时,就会不由自主地跟随教师参与游戏。在掌握游戏规则后,幼儿会尝试着自己游戏,最终完全主动积极地投入到游戏中去。这一过程就是由外部控制向内部控制转换的过程。

2. 由真实情境向假想情境转换

在听说游戏刚开始时,教师向幼儿交代游戏内容,解释游戏规则,示范游戏玩法,此时幼儿以旁观者的身份进行观察和思考。无论教师如何描述游戏的场景,幼儿所处的情境仍然是真实情境。随着幼儿参与游戏的深入,他们开始扮演某一角色,并想象可能出现的情节、动作、对话,幼儿所处的情境便开始发生变化,成为假想的情境。听说游戏由此完成从真实情境向假想情境的转换。

3. 由外部动机向内部动机转换

幼儿刚开始参与听说游戏时,外部动机决定了幼儿参与的积极性。随着他们对听说游戏内容方式的熟练和对游戏规则的掌握,他们的主动性、积极性也会越来越高,在游戏中表现出越来越明显的内部动机。当然,听说游戏能否将外部动机转换为内部动机,很大程度上取决于这个听说游戏是否真正具有游戏的趣味性,是否真正能对幼儿产生强大的吸引力,也取决于幼儿自己能否真正地玩起游戏来。

三、听说游戏活动的作用

游戏能推动幼儿语言和思维的发展,这一论点已经为国内外各种研究所证实。游戏本身就是幼儿学习语言的一种有效方法,它不仅能激发幼儿的表达欲望,为幼儿自由表达创造适宜的语言环境,还能使幼儿对语言的理解深刻化,提升幼儿创造性运用语言的能力。

幼儿期是一个人语言能力发展的黄金时期,在语言教学活动中,教师应有机融入游戏因素,为幼儿提供更多运用语言、发展语言能力的机会,使语言教学成为有趣味性的学习活动。在这一时期,教师要运用恰当的方法让幼儿在愉悦的氛围中快乐地练习口头语言,以提高幼儿的口语表达能力。学前儿童听说游戏活动是针对幼儿园3—6岁的在园幼儿开展的语言教学游戏。具体来说,它的作用主要体现在以下三个方面。

(一) 激发幼儿语言学习的兴趣

兴趣是幼儿语言学习的动力。在听说游戏中,教师首先要进行演示,为幼儿创设游戏的氛围,激发幼儿参与活动的兴趣。例如,在听说游戏"拉大锯"中,教师要事先教会幼儿游戏的玩法,然后与幼儿合作,边念儿歌边进行表演。"拉大锯,扯大锯,姥姥门前看大戏;你也去,我也去,大家一起去看戏。"简短有趣的儿歌配上形象的动作表演,很容易就能吸引幼儿的注意力,激发幼儿的活动兴趣,许多幼儿会不知不觉地模仿起来。由此可以看出,听说游戏能以生动、有趣的游戏氛围,激发幼儿参与活动的主动性,使幼儿在没有压力的情况下,轻松、愉快、自然地练习发音、说儿歌、学句型句式,最终促进幼儿语言能力的发展。

(二) 培养幼儿良好的倾听习惯

倾听是将声音转化为意义的过程。会倾听,是人与人良好交流的基础,也是一个人的基本修养。倾听是一个主动参与的过程,包括感知、理解、评价和反应四个阶段。就幼儿的语言学习和发展而言,学会倾听是一项重要的能力指标。只有学会倾听,懂得倾听,乐于并善于倾听,才能真正理解语言的内容,掌握与他人交流的技巧。

听说游戏将学习和游戏结合在一起,每一个听说游戏都有其特定的规则。具体来说,教师将语言学习的重点转化为一定的游戏规则,而幼儿在参与活动时,必须遵守这些游戏规则,按照规则有序进行游戏。这就要求幼儿必须首先听懂游戏规则,只有做到认真倾听,听懂游戏指令,才能很快地参与到游戏活动中去。因此,在幼儿园中,那些很快掌握游戏玩法的往往是具有良好倾听习惯的幼儿。那些不注意听或倾听能力较差的幼儿则需要在教师、同伴的多次示范下才能逐渐掌握游戏规则,学习效率较低。由此可以看出,对幼儿倾听习惯和倾听行为的培养是十分重要的。听说游戏在促进幼儿主动、积极倾听,提高幼儿倾听能力方面的作用是十分明显的,因为它能使幼儿置身于游戏情境之中,对游戏产生强烈的兴趣,进而主动、自觉地认真听教师讲解游戏规则和发布指令,在此过程中逐渐养成良好的倾听习惯。

(三) 促进幼儿口语表达能力的提高

对幼儿口语表达能力的培养是学前儿童语言教育活动的重要内容。听说游戏的主要教育目标之一就是帮助幼儿在游戏中按照一定的规则进行口语表达练习,包括语音练习、词汇练习、句子语法练习和描述练习。如听说游戏"拉大锯"能帮助幼儿练习正确发出"n""l""j""x"等音。而在听说游戏"美丽的花"中,幼儿根据教师提供的"花"的图片,结合自己已有的生活经验,会说出"鲜艳的花""香喷喷的花""漂亮的花""美丽的花""各种各样的花"等;同时,在游戏的过程中,认真倾听同伴发言的幼儿还能获取有益的信息经验,掌握更多的词语。在教师的引导下,幼儿还能根据已掌握的听说游戏来创编儿歌、对话等,进一步丰富和发展原有的游戏。例如,在听说游戏"拉大锯"中,教师可以鼓励幼儿自主续编儿歌,如在结尾补充"你也去,我也去"或者"爸爸去,妈妈去"等。对幼儿来说,玩游戏很有趣,玩自己创编的游戏更有趣。在创编活动中,幼儿的创造力、想象力和口语表达能力都能得到进一步的提升。

第二节 听说游戏活动的类型

根据听说游戏的语言教育目标,我们可以把听说游戏活动划分为两大类,即"练习听的游戏"和"练习说的游戏"。

一、练习听的游戏

练习听的游戏是通过游戏培养幼儿倾听能力、提高幼儿积极倾听水平的一种活动,具体包括如下五种类型。

(一)练习意识性倾听的游戏

幼儿的无意注意占主导地位,注意力很容易分散。让幼儿练习有预定目的的倾听,使他们在活动中保持有意注意,这对于锻炼幼儿的注意力、提高幼儿的倾听能力有很大的帮助。

(二)练习目标性倾听的游戏

3岁以前的幼儿基本上只会无意识记,还不会进行有意识记。对于学前儿童来说,他们接受教育的许多内容都是通过无意识记获得的。有研究表明,幼儿无意识记的效果优于有意识记。这就导致幼儿有时虽然听到了相关信息,但在实际操作中还是会丢三落四,或者无法完成相应的要求。练习目标性倾听的游戏有助于发展幼儿的有意识记能力,扩大有意识记的信息量,帮助他们积累"只有听得清,才能做得对"的经验。

(三)练习辨析性倾听的游戏

幼儿的有意注意时间短,注意力容易分散。有时虽然表现在"听"的状态,但是根本不注意分辨"听"的内容。练习辨析性倾听,可以帮助幼儿习得准确把握和传递有细微区别的信息的方法,提高幼儿倾听的关注程度。例如,在中大班开展的听说游戏"你说,我来做"中,教师要求幼儿理解语句,按指令行事。给幼儿的指令中可以带有连词、方位词、动词、数词、量词等,指令中句子的成分应该相似,要求幼儿仔细区别指令的内容。如:请从阳台上把我的外套拿来,请把我的外套放到阳台上去;请把水杯递给我,请把水杯递给他;请把书包里的笔袋拿给我,请把书包和笔袋拿给我;等等。

(四)练习理解性倾听的游戏

在游戏中,幼儿常常只听上句,不听下句,导致对规则或游戏内容只是一知半解。练习理解性倾听的游戏主要是锻炼幼儿听主要内容、连接上下文意的倾听能力。

(五)练习判断推理性倾听的游戏

幼儿在中班后期出现了逻辑思维的萌芽,练习判断推理性倾听的游戏有助于提高幼儿倾听的效果,还可以锻炼幼儿的逻辑思维能力。

二、练习说的游戏

练习说的游戏为幼儿提供了一个提高自身语言表达能力的机会,是幼儿园中常见的游戏类型,主要分为语音练习游戏、词汇练习游戏、句子和语法练习游戏、描述练习游戏四种。

（一）语音练习游戏

语音练习游戏是以练习正确发音、提高辨音能力为目的的一种活动，它的形式和结构都很简单。在游戏过程中，教师可以为幼儿提供练习发音的机会，重在引导他们练习那些容易发错的音，复习巩固正确的发音。但是每次练习的语音不要过多，以免难点集中，影响学习效果。一般来说，小班幼儿应重点练习正确发音，尽量回避错误发音；而针对中大班幼儿，可以通过方言干扰音练习、声调练习等形式加大他们发音游戏的难度。教师可以根据本班幼儿发音中常见的问题来确定语音游戏的活动目标，设计并组织适合本班幼儿的活动。

1. 难发音的练习

这一部分的练习内容主要集中在小班。3岁左右幼儿的发音器官还不够完善，辨音能力和发音器官的调节能力都很弱，因而常常会有发音不准确、不清楚的表现。教师可以将较难发出的语音要素融入特别的听说游戏当中，让幼儿有针对性地反复听、练习说，结合实际，有的放矢。例如，小班幼儿普通话发音的难点主要有翘舌音"zh、ch、sh"和"r"，教师可以选取这些声母与某些韵母相结合的音节，利用平翘舌混合发音游戏来帮助幼儿练习。

2. 方言干扰音的练习

地区方言对幼儿普通话学习所产生的干扰问题，因幼儿出生及生活所处地域的不同而表现出显著差异。教师可以根据自己所在地区的实际情况，利用听说游戏给幼儿提供集中和比较学习的机会，逐步增强幼儿的语感，培养幼儿的语音敏感性，发准那些受方言影响的语音。比如，在一些方言的发音中，"n"和"l"经常混淆，人们会把牛奶（niúnǎi）说成（niúlǎi）。对此，教师可以选择儿歌《兰兰和奶奶》，让幼儿一边表演一边说："奶奶爱兰兰，兰兰爱奶奶，奶奶从前抱兰兰，兰兰现在搀奶奶。奶奶说：'兰兰是个好孩子。'兰兰说：'我要天天帮奶奶。'"

3. 声调的练习

声调也是判断普通话发音是否标准的一个维度，是幼儿语音学习的重要内容。练习和记忆是掌握普通话声调的根本方法。声调练习适合在中大班进行。

教师应该以听说游戏活动为载体,让幼儿熟悉声调的运用,掌握准确的声调。比如,教师可以借助有趣的绕口令来组织幼儿做游戏,让小朋友轮流读一段绕口令——"兜里装豆,豆装满兜;兜破漏豆,豆撒破兜",读错的小朋友要表演节目。

4.用气和节奏的练习

大部分幼儿刚入园时,会经常出现说话时用气不均匀、节奏混乱的现象,如有时吐字急促、随意停顿,有气喘吁吁的感觉,尤其是在表述复杂长句时,还会有上气不接下气的情况。听说游戏的发音练习,有助于幼儿掌握正确的用气方法,调整说话的节奏,使语言表达更加顺畅自然。

(二)词汇练习游戏

词汇练习游戏是为丰富幼儿的词汇量,帮助幼儿理解、运用词汇而设计并组织的语言教学游戏。学前儿童语言教学的一个重要目标就是让幼儿积累大量的日常词汇,丰富口语表达的信息。在这类游戏中,教师可以让幼儿做同一类词语的扩词游戏,也可以让幼儿学习不同类词的搭配技巧。通过游戏,教给幼儿一些新词,或帮助幼儿进一步理解已学过的词并学会灵活运用。教师应根据各年龄班幼儿词语掌握的具体情况,设计出目标明确、玩法有趣的词汇练习游戏。

1.同类词组词练习

教师可以将幼儿对同一类词的学习作为具体的语言目标,鼓励幼儿在听说游戏过程中按照一定的活动规则,灵活地组织和使用这些词语,以提高幼儿对这类词语的熟悉程度和口语表达能力。例如,听说游戏"什么样的苹果"要求幼儿用不同的词来形容"苹果",幼儿可以说"红红的苹果""圆溜溜的苹果""甜甜的苹果""好吃的苹果""脆脆的苹果"等。再比如,听说游戏"怎样走"要求幼儿用一定的词语来描述走的动作,幼儿可以说"快快地走""慢慢地走""一蹦一跳地走""小跑着走""笑嘻嘻地走"等。为了增强活动的直观性、趣味性,以及加深幼儿对词语的理解,教师还可以要求幼儿带着肢体动作进行表演,一边说一边做,加强对相关词语的灵活运用。

2. 不同类词搭配练习

将不同类别的词语进行搭配以表达符合某种情境的语义,这也是十分重要的听说训练内容。词语的搭配通常与语言习惯有关,但也有一定的语法规则需要遵守。例如,量词有明确的搭配规则。中大班幼儿对量词产生了一定的敏感性,教师可以为他们提供听说量词的游戏机会,帮助他们掌握一般量词的使用方法。在听说游戏"娃娃过生日"中,教师准备好各种礼物,并向幼儿说清楚礼物的名称和要使用的量词。游戏开始后,教师和幼儿一起参与,说出送什么给娃娃,如"我送给娃娃一个杯子""我送给娃娃一条裙子",并提示幼儿要正确使用量词。当幼儿说对时,就把礼物放在娃娃面前,若说错了,则提醒幼儿及时更正。此外,介词、动词的搭配,以及一些像四字格的词(高高兴兴、蹦蹦跳跳等)、双音词尾的词(胖乎乎、香喷喷等)都可以成为学习的内容,让幼儿通过听说游戏的形式,在充满趣味性的活动中逐渐习得并掌握。

(三)句子和语法练习游戏

听说游戏除了可以帮助幼儿规范语音、积累词汇外,还可以帮助幼儿练习和掌握难度较大的句型。教师可以设计专门的听说游戏来帮助幼儿把握某一种句法的特点和规律,使幼儿在尝试运用的过程中提高对复杂句型的使用水平。学前阶段的幼儿在语言学习过程中大量地积累句型,这是他们习得和发展句法的重要阶段。一般而言,幼儿将在学前阶段达到从简单句过渡到复合句的水平,并在学前阶段后期进入理解嵌入句的水平。教师耐心细致的指导和形式多样的训练能帮助幼儿理解和运用不同类型、不同结构的句型句式。例如:小班可以在听说游戏中练习"我是某某""某人做某事"等简单句;而中班可以在此基础上进行扩句练习,如"我是什么样的某某""某人在某地做某事"等;大班则可以在单句的基础上,进行"把"字句、"被"字句以及复句关联词的练习游戏。

(四)描述练习游戏

描述练习游戏是通过有趣的方式训练幼儿使用比较准确、连贯的语言对事物进行具体、形象描述的游戏。教师可以通过在游戏中与幼儿对话、对答等方式,提高幼儿用词的准确性、语句的完整性,发展幼儿的观察能力和表达能力。

这类游戏适合在中班后期和大班进行。如大班听说游戏"金锁银锁",就是通过念儿歌和对答的形式帮助幼儿学习用简短而有节奏的语句描述一件事物。

第三节 听说游戏活动的语言教育要求

目标是行动的指南。教师在教育准备的过程中,系统和深入地了解学前儿童语言教育的目标,将其作为自己相应的教育行为的导向,是促进教学效果提升和幼儿语言能力发展的关键。在听说游戏活动的设计和开展前,教师应该明确学前儿童语言教育目标在听说层面的具体内容。

一、听说游戏活动的教育目标

针对学前儿童设计和开展的语言教育活动要想有章可循、确有成效,就必须首先明确各项活动的语言教育目标。

(一)听说游戏活动的总目标

学前儿童听说游戏活动的总目标,详见表6-1。

表6-1 学前儿童听说游戏活动的总目标

	倾听	表述
能力技能目标	能集中注意力,有礼貌、安静地倾听	会说普通话,发音清楚,语调准确
	能听懂普通话,能分辨不同的声音和语调	能用恰当的语句和语调表述意见、回答问题
	能理解并执行别人的口头指令	能用完整、连贯的语句描述图片和事件
情感态度目标	喜欢听,能有礼貌地听别人对自己说话	喜欢和他人交谈,在适当的场合积极、主动、有礼貌地与人交谈

(二)听说游戏活动的年龄阶段目标

学前儿童听说游戏活动各年龄阶段的具体目标,详见表6-2。

表6-2 学前儿童听说游戏活动的年龄阶段目标

	小班(3—4岁)	中班(4—5岁)	大班(5—6岁)
倾听	乐意听别人说话	能集中注意力,有礼貌地听他人说话	无论在集体场合还是在个别交谈中,均能认真、耐心地倾听他人的讲话
	能听懂普通话	能区分普通话和方言的发音	能辨别普通话声调、语调和语气的变化
	听别人说话时,能保持安静,不打断别人说话	能理解多重指令	能理解并执行复杂的多重指令
表述	愿意学说普通话,喜欢与他人交谈	积极学说普通话,发音清楚;积极而有礼貌地参与交谈,不随便打断他人的谈话	坚持说普通话,发音清楚准确,能主动、热情、有礼貌地用正确的交流方式与人交谈
	知道在集体面前讲话要大声,在个别交谈时音量要适当	说话时音量和语速要适当	在不同的场合,能用恰当的音量、语速说话
	能用简单的语句讲述图片中的内容或自己感兴趣的事	能用完整的语句较连贯地讲述个人经历或图片中的内容	能连贯地讲述事件以及自己对图片和物品的认识
	能用简单的语句回答问题,表达自己的请求、愿望、情感与需要等	能大胆、清楚地表达自己的请求、愿望、情感和需要等	能主动、大胆地使用适当的词、句、语段来表述,乐于参加讨论和辩论,敢于发表不同的意见

二、听说游戏活动教育目标的结构分类

学前儿童语言教育的目标包含着从幼儿语言能力的构成、语言教育的作用、语言技能的分类等不同角度划分的分级目标。就听说游戏活动而言,其语言教育目标还包含着以下几方面的具体内容。

(一)听的行为培养

此处所指的"听",不是对任何自然界的物质环境中声音的听,而是对他人口头语言的有意识、有分析的"倾听"。倾听是幼儿感知世界和理解思想的一种基础的语言运用能力。在3—6岁这个语言教育的重要启蒙阶段,教师对幼儿进行的倾听行为的培养和指导过程,就是使幼儿了解语言内容、掌握语言运用技巧、提升交际能力的过程。

大量研究发现:3—4岁的幼儿由于神经系统发育不够完善,发音器官和听觉器官的调节、控制能力较差,他们只能听懂一些简单的句子,掌握一些常用的词汇;4—5岁的幼儿基本上能够听清楚全部语音,能听懂日常生活中一般句子的意思,掌握的词汇数量迅速增加,语言逐渐连贯起来;5—6岁的幼儿能够听懂一些比较复杂的句子,理解一段话的意思。随着年龄的增长,学前儿童的倾听能力逐渐发展,具体表现在:从无意识倾听向有意识倾听转变;对倾听内容的逻辑分析能力逐渐提高;对所听内容的理解能力有所提升,可以联系上下文的意思进行倾听;等等。

针对以上学前儿童听力发展的表现,教师在对学前儿童倾听行为的培养过程中,应将教学重心放在幼儿对汉语语音、语调及语义的基本理解层面,在学前启蒙教育阶段帮助幼儿逐步获得以下倾听的技能(见表6-3)。

表6-3 幼儿倾听能力的分类

倾听能力的类别	概念解释
意识性倾听	按预定目的,集中注意的倾听
目标性倾听	根据语言目标,探寻结果的倾听
辨析性倾听	分析语言内容,具有逻辑的倾听
理解性倾听	把握语言信息,联系语境的倾听
判断推理性倾听	运用逻辑思维,推断事物结果的倾听

(二)说的行为培养

幼儿养成了倾听的良好习惯,在倾听的过程中理解了语言内容,熟悉了语言的表达方式,说的能力也同时得到发展。幼儿这种有意识、有目的、有方法的说的行为就是"表述"。具体而言,表述是幼儿运用特定的语言内容、语言形式及方法进行表达和交流的行为,它是学前儿童语言知识积累和语言能力发展的主要表现之一。

学前儿童的语言习得阶段,是其积累日常语言信息、形成语言能力的重要时期。在这一特定时期,幼儿表述能力发展的重点在于学习正确恰当的口语表达,即培养幼儿从语音、语法、语义及语用四个方面掌握母语的能力。这个渐进的过程可以从不同的角度进行总结,详见表6-4。

表6-4 幼儿表述能力的发展

表述能力发展趋势	例证
从口头到书面、随意到规范	从说"我要吃瓜瓜",到"我要吃西瓜"或"我想吃西瓜"
从语音到语义、模仿到理解	从会喊"爸爸、妈妈"到理解爸爸妈妈是自己的亲人
从语词到句型、零碎到完整	从"瓜瓜、苦、不吃"到"因为这个瓜的味道很苦,我不喜欢,所以我不想吃"
从个体到集体、独自到交谈	从自言自语、自说自话,到自如大方地跟别人对话

（三）听与说的结合

虽然前文将倾听和表述分开来进行说明，但在实际教育过程中，听、说两项技能的培养其实是同步进行、互为影响的。总体来说，可以将听与说的结合方式总结如下：

第一，先听再说。先听语言材料或他人讲话，再根据活动规则，按照一定的语言形式进行口语表达。

第二，听说交替。根据听的内容确定说的内容，再根据说的内容更新听的目标，循环往复、巩固强化，不断提升对语言信息的理解能力和对语言表达的掌控能力。

第四节　听说游戏活动的设计与组织

作为一种特殊形式的语言教育活动，学前儿童听说游戏的结构与设计指导均有其独特的规律。教师只有从听说游戏活动的双重性质出发，按照其内在的规律去设计和组织活动，才能产生理想的教学效果。

一、听说游戏活动的基本步骤

（一）创设游戏情境

教师在组织学前儿童听说游戏时，首先要努力营造生动、有趣的氛围以激发幼儿的兴趣，调动他们参与游戏的积极性。创设游戏情境的方法归纳起来主要有以下几种。

1. 用实物创设情境

用实物创设情境是指教师使用一些与游戏活动有关的物品（如玩具、教具、日用品等）或利用图片、活动区的布置等向幼儿提供与游戏有关的形象，制造游戏的氛围，将幼儿带入游戏的情境之中。

2. 用语言创设情境

用语言创设情境是指教师通过自己所说的话,直接描述或指出游戏中的角色及其所处的环境。例如,教师对幼儿说:"果园里的水果大丰收啦,许多小动物要去摘果子,大家多快乐啊!请小朋友们戴上头饰,扮演小动物去找找水果在哪里吧!"又如,在大班听说游戏"改错"中,老师一开始就故意说"错话":"今天早上,我吃完汤,喝完饭,出门就看见太阳落山了。"全体幼儿听后哈哈大笑。教师趁机提问:"你们为什么笑?我有什么地方说错了吗?那应该怎么说呢?"通过这种生动有趣的方式引起幼儿改错的兴趣。

3. 用动作表演创设情境

有的时候,教师并不一定要使用实物,也可以靠动作表演让幼儿想象出游戏的角色或者游戏的场所,进而营造游戏的氛围。例如,教师可以模仿小兔子、大象或小鸟的动作,让幼儿发挥想象力,自由想象游戏中的角色、游戏的内容,以及游戏的进行方式等。

4. 综合运用多种方法创设情境

有的听说游戏不能仅用一种方式来创设情境,而需要将几种方式综合起来运用,这样更有利于充分调动幼儿的多种感官,使他们积极参与游戏,为游戏的顺利进行打好基础。但需要注意的是,在创设情境时要避免出现以下两种情况:一是时间过长,喧宾夺主;二是形式过于花哨,分散幼儿注意力。

(二) 交代游戏规则

在创设游戏情境之后,教师接下来要向幼儿交代游戏规则,介绍游戏玩法。这一步骤实际上也是教师给幼儿布置任务,向他们讲解活动要求的过程。教师可以通过语言解释与动作示范相结合的方式,向幼儿说明游戏的基本规则、步骤和具体要求。例如,小班练习发翘舌音"ch"的游戏"小鸡吃米",教师在活动前需向幼儿介绍游戏规则:小鸡要听清鸡妈妈说的话,并分辨什么可以吃、什么不可以吃,若鸡妈妈说的东西小鸡能吃,小鸡就点头说"吃、吃、吃",若鸡妈妈说的东西小鸡不能吃,小鸡就摇头说"不吃、不吃",谁"吃"错了,鸡妈妈就请它回家。

需要注意的是,教师在交代游戏规则时,应做到如下三点:

第一,用简洁明了的语言讲解,切忌复杂、冗长的解释,以免幼儿抓不住要领。

第二,讲清楚听说游戏的规则要点和进行顺序。具体来说,即教师应让幼儿基本明白要说什么和怎么说,同时帮助幼儿理解游戏开展的顺序。

第三,用较慢的语速进行讲解和示范。

(三)教师引导游戏

在幼儿已初步理解游戏规则的基础上,教师就可以带领幼儿开展听说游戏了。在这一步骤,教师应占据主导地位,控制游戏进程,指导幼儿游戏。幼儿参与游戏活动的方式有两种:一种是部分幼儿参与到游戏活动中去,另一部分幼儿则通过观察来熟悉游戏的玩法,两组幼儿轮换进行;另一种是全体幼儿共同参与部分游戏,待他们熟悉游戏玩法、掌握游戏规则后,再组织开展完整的游戏。通过教师引导幼儿游戏这一环节,幼儿能够进一步熟悉游戏的规则,理解游戏的程序,掌握在游戏中运用语言交往的基本思路,为接下来的自主游戏环节做好准备。

(四)幼儿自主游戏

在幼儿自主游戏的阶段,教师应从游戏的主导者转换为游戏的旁观者,不要过多地限制幼儿,不要怕他们出错,不要直接控制他们的行为,更不应该发出指令和要求。教师应细心观察幼儿的游戏过程,注意对个别不熟悉规则的幼儿进行及时的指导点拨,帮助这些幼儿更快地加入到游戏的队伍中去,真正成为游戏活动的一员。如果发现有不遵守游戏规则的情况,教师应及时分析原因,并以游戏者的身份进行处理。如果幼儿对游戏规则不甚清楚,教师就要及时补充讲解并适时示范。如果幼儿在游戏中过于兴奋而忽略了游戏规则,教师应及时给予提醒。如果有幼儿犯规,教师应以游戏者的口吻向其说明并按规则实施"惩罚"。

针对幼儿的自主游戏环节,教师可以根据每一个听说游戏的具体活动目标来选择适当的活动形式。例如:可以以集体活动的形式开展游戏,使全班的幼儿参与其中;可以以小组活动的形式开展游戏,选择适当的活动场地,让幼儿自由组队;也可以以一对一结伴的方式组织游戏。在游戏结束时,教师可根据幼儿的年龄特点和具体游戏内容,采用教师讲评或幼儿自评、互评等方式进行总结评价。对游戏的评价要有目的、有重点,时间不宜过长。及时的评价可以强调游戏的正确玩法,进一步明确游戏的规则,纠正游戏中出现的问题,为日后幼儿更好地开展自主游戏奠定基础。

二、听说游戏活动的设计与指导

(一)游戏前的设计指导

游戏前的设计指导是相对于整个游戏过程而言的,主要包括以下几个方面:

1. 确定游戏的目标、内容和具体步骤

教师可以根据学前儿童语言发展的需要来确定听说游戏的目标和内容,也可以根据学前儿童在语言发展中出现的问题来确定听说游戏的目标和内容。如何在游戏的开始部分激发幼儿参与游戏的愿望,如何安排游戏开展的具体步骤,如何讲解游戏的玩法和规则,从哪几个方面进行小结和评价,如何在游戏结束后对活动材料进行归纳与整理,这些都需要教师事先进行周密的设计,以免出现因受其他因素影响而难以完成既定活动目标的情况。

2. 准备游戏材料

游戏材料作为听说游戏的一部分,往往影响着幼儿对游戏的兴趣、理解程度,以及整个游戏的进程。教师是否需要准备游戏材料,需要准备哪些游戏材料,可以从以下方面进行考虑:

(1)根据游戏目标和内容准备游戏材料

游戏不同,所需准备的材料也就有所不同。例如:小班练习发准"j""ch"音的"母鸡带小鸡"游戏,除了要准备相应的头饰、图片外,还要安排足够大的活动场地;中班学习量词的"开商店"游戏,就必须准备相应的图片或实物,游戏才能顺利进行;而大班的"词语接龙"游戏,只要有两名或两名以上的掌握了一定词汇量的幼儿参与即可,不需要准备游戏材料。

(2)根据本班幼儿语言发展的不同水平准备游戏材料

教师准备的游戏材料要尽量满足不同幼儿的发展需求,使每个幼儿在听说游戏中都能得到发展。例如,在练习使用恰当的形容词描述事物特征的游戏"看谁说得棒"中,教师可以给能力较强、识字较多的幼儿提供一些字条,如太阳、花朵、春天等,让他们进行描述练习,而对于那些能力较弱的幼儿,则要给他们提供图片,如汽车、苹果、小狗、小鸡等,让他们练习描述。

3. 丰富幼儿的相关经验

知识经验是幼儿听说游戏顺利开展的基础,丰富幼儿相关经验的方法有许多。具体来说,教师可从如下方面进行把握:

(1)实地参观、游览

例如:在玩"逛超市"游戏之前,家长或教师可以带幼儿到附近的超市逛逛,让他们参与物品选购、付款等过程;在玩游戏"我是小小设计师"之前,可以带幼儿到市中心观察各种建筑物的外形、颜色、功能等,以丰富幼儿这方面的感性认识。

(2)观看影像资料

观看影像资料,可以加深幼儿对相关内容和情节的印象,帮助他们在游戏中再现这些内容和情节,使听说游戏顺利深入地展开。

(3)争取家长的支持与配合

在丰富幼儿相关经验的过程中,一定要争取家长的支持与配合。家园配合不仅可以为幼儿听说游戏的开展奠定良好的基础,还能够为幼儿巩固、练习听说游戏的内容提供保障。

(二)游戏中的设计指导

1. 细心观察,适时指导

教师必须细心观察幼儿在听说游戏中的实际情况,然后适时地、有针对性地对其进行指导。如果教师不了解幼儿游戏的实际情况,而是完全按照自己的想法去指导游戏,那么教师的指导反而有可能成为游戏的干扰。

2. 面向全体,注重个体差异

教师在指导听说游戏时,既要面向全体,照顾到全班幼儿的兴趣、爱好和现

有语言水平,又要注重个体差异,根据每个幼儿的游戏行为和语言运用情况,提出切实的、有针对性的教育措施。

3. 鼓励和肯定

教师在指导听说游戏的过程中,一个关注的眼神,一句热情的鼓励,一次赞许的点头、微笑,乃至摸摸头、拍拍肩,对孩子来说都是一股不可忽视的强大精神力量,能在很大程度上激发幼儿活动的积极性,使其保持参加游戏的兴趣。在游戏中,当幼儿遇到困难时,需要的往往不是问题的解决方法,而是信任、鼓励和支持。尤其是那些语言发展水平较低、思维反应较慢或在游戏中表现不突出的幼儿,教师更应经常给予其鼓励和肯定。

(三)游戏后的评价

游戏后的评价是听说游戏的一个重要环节,其目的是促进幼儿语言的进一步发展。当幼儿的表现达到预期目标时,教师的评价能使其感受到成功的喜悦,增强自信心;当幼儿没有完成游戏任务,达不到既定目标时,教师应在肯定他们努力的基础上提出建议,使幼儿调整自己的语言和思维方式,激发他们继续参加听说游戏的愿望,从而促进幼儿语言的发展。评价的方式是多种多样的,既可以由教师讲评,也可以由幼儿自评、互评。对于小班幼儿,教师可以以游戏者的身份或用游戏中人物的口吻对他们在游戏中的表现进行评价;对于中、大班的幼儿,教师在讲评时可以引导幼儿进行讨论,鼓励他们开展自评和互评。

三、听说游戏活动设计与组织应注意的问题

(一)听说游戏活动应兼有游戏和活动的双重性质

听说游戏不是幼儿自发组织的游戏,而是由教师设计组织,幼儿自愿参加的语言教学游戏。根据美国游戏研究专家诺伊曼的观点,听说游戏活动应是一种半活动半游戏的教学形式,是由教师设计并组织幼儿学习语言的规则游戏,它应兼有游戏和活动的双重性质。诺伊曼认为游戏和活动的基本区别在于:

第一,控制。活动由外部控制,而游戏则由内部控制。

第二,真实性。活动具有真实的特点,而游戏则具有假想的特点。

第三,动机。活动是由外部动机引起的,是教师组织幼儿参加的;而游戏则有明显的内部动机,由幼儿自发地开展和参与。

由此可见,教师必须精心设计和组织听说游戏活动,为幼儿创设由外部控制转向内部控制、由真实转向假想的情境条件,为幼儿提供由外部动机激发转向内部动机激发的机会。大量实践证明,用游戏的方式组织幼儿学习语言,可以产生事半功倍的教学效果。

(二)保持幼儿对游戏的兴趣

游戏规则是为完成听说游戏语言教育的目标服务的,这些规则往往正是语言学习的重点内容。教师在游戏活动中,应提醒幼儿遵守游戏规则,按照规则进行游戏。如发现有不遵守规则的情况,教师应分析原因,及时处理,切不能随意批评或处罚幼儿,以免打击幼儿游戏的积极性。待幼儿熟练以后,教师还可以修改游戏规则,加大难度,逐步提高倾听和表述方面的要求,使幼儿始终保持对游戏的兴趣。

(三)不能只注意游戏情节而忽略语言教育目标

游戏是幼儿喜爱的一项活动,而听说游戏是语言教学的游戏,具有明确的语言教育目标。教师不能只注意游戏情节的趣味性和完整性,而忽略了语言教育的具体要求,还应将活动重点放在对幼儿倾听和表述能力的培养上,通过对听说游戏活动的设计与组织,把语言教育目标有机地渗透到游戏过程中去,落实到每一个幼儿身上,使他们真正理解和掌握活动中蕴含的语言知识。

听说游戏活动——顶锅盖(中班)

1. 学习发准"盖""怪""菜"等容易混淆的字音。
2. 探索游戏玩法,能根据自己的生活经验,说出各种菜肴的名称。

3.提高对听说游戏活动的兴趣,能积极参与游戏。

活动准备

1.实物准备:锅盖一个。
2.经验准备:教师或家长在活动前丰富幼儿对有关菜名的认识。

活动过程

1.教师向幼儿展示锅盖,然后用手指顶着锅盖的中心,口念儿歌《顶锅盖》,营造一种轻松愉快的游戏氛围,激发幼儿对游戏活动的兴趣,然后引导幼儿学习儿歌,重点提问:这首儿歌讲了什么?怎样用我们的手来玩"顶锅盖"游戏呢?

2.教师带幼儿一起念儿歌,引导幼儿练习"盖""怪""菜"等字的发音。请幼儿轮流做顶锅盖的动作,启发幼儿探索用手掌当锅盖,用食指顶"手掌锅盖"的游戏玩法。

3.教师介绍游戏规则:

(1)幼儿边念儿歌,边用食指顶着另一个小朋友的"手掌锅盖"。

(2)儿歌念完,"手掌锅盖"才能去抓顶着"锅盖"的食指,同时食指要赶紧缩回,不让"锅盖"抓住。

(3)若"手掌锅盖"成功抓住食指,就要问"烧的什么菜?"此时,被抓住的幼儿必须回答出一道菜的名称,方能与"锅盖"交换角色,然后游戏继续进行。

4.引导幼儿熟悉游戏的难点部分,教师提问:小朋友,你们吃过哪些菜?你最喜欢吃什么菜?它是用什么做的?通过一系列提问,充分调动幼儿已有的生活经验,鼓励他们大胆地说出各种菜肴的名称,如糖醋排骨、红烧肉、西红柿炒鸡蛋等。

5.带幼儿做"顶锅盖"游戏:

(1)教师将手掌平放,手心向下做"锅盖",请五名幼儿上前来分别伸出食指顶着"手掌锅盖";然后大家一起念游戏儿歌,念到"噗,一口风"时,可做吹风状,以增加趣味性;儿歌一念完,教师迅速去抓幼儿顶"锅盖"的食指,同时,幼儿的食指赶紧收回。如有人被抓住,教师则问:"烧的是什么菜?"被抓住的幼儿须报出菜名,然后交换角色,再进行新一轮的游戏。

(2)教师引导幼儿一只手做"锅盖",另一只手顶"锅盖",采用自问自答的形式,练习游戏中的语言。

6.教师组织幼儿以小组为单位,结伴做"顶锅盖"游戏;同时,注意观察全体幼儿的活动情况,及时给予帮助和指导。

7.游戏结束后,教师总结并提醒大家要注意均衡饮食,不能挑食。

附儿歌:

顶锅盖

顶锅盖,油炒菜,
辣椒辣了不要怪。
噗,一口风。
噗,两口风。
噗,三口风。

【案例来源】张海钰,武晓燕.幼儿语言教育活动设计与指导[M].北京:北京理工大学出版社,2017.

听说游戏活动——颠倒词(中班)

活动目标

1.理解颠倒词的含义。
2.学会如何颠倒词,能讲清楚普通话。
3.在颠倒词游戏中感受游戏的快乐,积极参与游戏。

活动准备

1.经验准备:幼儿知道蜜蜂、蜂蜜这些常见物;幼儿对小精灵这个卡通人物有一定的认识和了解。
2.物质准备:小精灵装饰若干、颠倒词挂图若干、颠倒词课件一套、小动物胸饰每人一个、奖励贴纸若干。

 活动过程

1. 游戏导入部分

小朋友们佩戴好小动物胸饰后,依次根据自己所在的小组做动作。

师:现在我想请小动物们介绍一下自己,会跳的小动物在哪里?你们是怎么跳的呀?(请兔子组的幼儿做动作)会飞的小动物在哪里?你们是怎么飞的呀?(请蝴蝶组的幼儿做动作)会游的小动物在哪里?你们是怎么游的呀?(请小鱼组的幼儿做动作)

师:我偷偷地告诉你们一个小秘密,今天呀,小精灵要来挑选表现得最棒的小动物做她的搭档,让我们一起去看一看小精灵的要求吧!

2. 基本部分

小精灵(教师扮演):小动物们好,我是你们的精灵姐姐,我呀,想给自己找一个优秀的搭档,但我的搭档必须要会一些小魔法才行,小动物们,你们会魔法吗?

师:小动物们,小精灵的要求你们听清楚了吗?让老师教你们一个小小的魔法——颠倒魔法,你们可要好好地看清楚哟!

师:魔法魔法变,蜜蜂变蜂蜜!(切换课件)

师:你们看,我用颠倒魔法把蜜蜂变成了什么呀?(蜂蜜)

师:你们知道什么是颠倒吗?颠倒呀,就是把东西反着读,蜜蜂反过来就是蜂蜜,牛奶反过来就是奶牛。(切换课件)

师:(出示挂图)现在老师要给小动物们布置一项任务了,请你们把这些东西用颠倒魔法变过来,准备好了吗?和老师一起念咒语吧!(切换课件)

师:我刚刚听到有些小动物的读音不太标准,这样咒语就没有用了,现在老师带你们一起把这些词语再念一遍,好不好?(教师带领幼儿一起读挂图上的词语)

师:接下来,小动物们可以和你们的好朋友相互使用魔法变一变,试试能不能把你们的名字颠倒过来,一会儿老师要请两个小动物上来表演一下,看看他们变得怎么样。

师:(请几组小朋友上台演示)小动物们今天学习得真棒,现在就请小精灵出来挑选她的搭档吧!

小精灵:小动物们,你们学会魔法了吗?那我要挑选几个小朋友上来比试一下了!(兔子、蝴蝶、小鱼队各派一人上台,教师组织幼儿开展颠倒词游戏竞赛。)

小精灵:小朋友们,我觉得你们表现得都很棒,那就邀请你们一起来做我的搭档吧!

3.结束部分

师:今天小动物们都表现得很棒,现在我要给每个小动物一点小奖励,我们请小精灵发给我们,好吗?(发奖励贴纸)

师:小动物们,再见!

【案例来源】赵洪,于桂萍.幼儿园教育活动设计与指导[M].北京:北京理工大学出版社,2018.

思考与练习

1.试述学前儿童听说游戏活动的作用。

2.试述学前儿童听说游戏活动的基本类型。

3.试述学前儿童听说游戏活动设计与组织的基本步骤。

第七章 学前儿童文学活动

学习目标

1. 了解学前儿童文学活动与文学作品的关系。
2. 掌握学前儿童文学活动中作品的选择原则。
3. 理解学前儿童文学活动的语言教育目标。
4. 掌握学前儿童文学活动设计与组织的基本思路。

《纲要》中明确指出,要"引导幼儿接触优秀的儿童文学作品,使之感受语言的丰富和优美,并通过多种活动帮助幼儿加深对作品的体验和理解",使他们在快乐的童年生活中获得有益于身心发展的经验。在幼儿园的语言教育活动中,文学几乎是处处存在的。文学作品的教育,是学前儿童语言教育的一个重要方面,以儿童文学作品为基本内容进行的文学活动,是幼儿园语言教育不可缺少的一种活动类型。

第一节　学前儿童文学活动概述

一、学前儿童文学活动与文学作品的概念

(一)学前儿童文学活动的概念

学前儿童文学活动的开展对学前儿童的身心发展具有重要意义。学前儿童文学作品因兼具教育性和趣味性，深受教师、家长的关注和幼儿的喜爱。

学前儿童文学活动是指围绕一个具体的文学作品教学，开展一系列相关的活动，为幼儿创设学习运用叙事性语言的情境，帮助幼儿理解文学作品所展示的丰富而有趣的生活，体会语言艺术的美，为幼儿提供全面的语言学习机会。

(二)学前儿童文学作品的概念

学前儿童文学作品是指那些与0—6岁儿童心理发展水平及接受能力和阅读能力相适应的各类文学作品的总称。它通过典型的形象和有趣的故事情节来反映现实生活，围绕幼儿的生活经验，潜移默化地影响幼儿。具体来说，学前儿童文学作品包括寓言、童话、儿童经验故事、儿歌、儿童诗、谜语诗、绕口令、儿童散文、儿童小说、儿童科学文艺等多种文学体裁的作品。

(三)学前儿童文学作品的功能

文学作品是语言艺术的结晶，学前儿童文学作品集教育性、知识性、趣味性为一体，每一首儿歌、每一则故事都含有丰富而独特的语言信息。优秀学前儿童文学作品的人文内涵、审美价值和社会文化意义对幼儿多方面的发展都具有积极的推动作用。另外，学前儿童文学作品是人类文学作品的重要组成部分，不仅拥有文学作品特有的艺术性，而且蕴含着丰富的自然、社会科学知识和语言知识，兼具认知、社会性、审美等方面的教育功能。学前儿童文学作品的主要功能具体表现在如下三个方面：

1. 增长幼儿的知识,激发幼儿的求知欲和学习兴趣

学前儿童文学作品中的语言,是经过作家提炼加工的语言,具有生动、形象等特点,易于幼儿理解和接受。一些代表抽象概念的词语,如诚实、牺牲、光荣等,是很难通过观察来理解的。而文学作品中的生动情节和形象描述,能帮助幼儿较快地理解这一类抽象词汇的概念。如通过《罗盛教的故事》这一优秀的文学作品,幼儿能很容易地理解并掌握"英雄""光荣"等抽象的概念。

幼儿尚未开始系统的知识学习,文学作品是幼儿获取间接知识的主要途径。学前儿童文学作品中的自然、社会常识往往都是以生动形象的方式表现出来的,易于幼儿理解和接受。例如,故事《小蝌蚪找妈妈》通过浅显易懂的文字和生动有趣的情节,向幼儿介绍了有关青蛙及其他动物的常识,帮助幼儿初步了解了小蝌蚪变成青蛙的有趣过程。

幼儿主要通过直接观察的方式认识周围的世界,但他们的生活和活动范围又十分有限,随着其年龄的增长和求知欲的发展,文学作品便成了他们扩大眼界,认识世界的一个窗口。学前儿童文学作品能给幼儿带来大量新鲜的感性知识,激发幼儿的学习兴趣,使幼儿以这些知识为起点,循序渐进,不断丰富自己的知识经验。

2. 促进幼儿的社会性发展

学前儿童的成长过程,就是从"自然人"向"社会人"转化的过程。在这一发展过程中,学前儿童文学作品能够发挥重要作用。

首先,学前儿童文学作品可以丰富幼儿的社会认知。社会认知包括幼儿对自身、他人、社会行为规范和社会文化的认知。社会认知在社会性发展中起基础性作用,社会情感、社会行为技能只有在社会认知的基础上,才能表现出稳定的自觉性。学前儿童文学作品能够丰富幼儿的认知水平,为更好地激发幼儿的社会情感,形成良好的社会行为奠定基础。例如,《兔子先生去散步》这一作品描述了这样一个故事:兔子先生外出散步,却因为不知道安全标志的含义而引发了一系列滑稽可笑的事情。幼儿通过听故事,轻松认识了注意火车、禁止鸣笛、禁止吸烟等一系列安全标志,了解了不遵守规则的危险后果。

其次,学前儿童文学作品可以萌发幼儿积极的社会情感。积极的社会情感主要是指幼儿在社会活动中表现出来的自尊感、是非感、同情心、依恋感、荣誉

感等。优秀的学前儿童文学作品,能够帮助幼儿调节情绪与行为,自我激励,锻造健康的人格。例如,《猜猜我有多爱你》讲述了这样一个故事:小兔子和兔妈妈比较谁更爱对方,小兔子对兔妈妈说"我好爱你",而兔妈妈则回应"我更爱你"。这个小故事营造出了一种温馨的氛围,让幼儿感受到爱的情感,并记住表达爱的方式。幼儿在这种积极主动的、无条件的爱的感染下,慢慢学会了将爱的情感转化为一种实践的行为。此外,学前儿童文学作品还能帮助幼儿通过故事中人物的喜怒哀乐,体验不同的情感,形成正确的是非观念。

最后,学前儿童文学作品有助于幼儿习得社会性行为。社会性行为技能主要指交往、分享、合作、谦让、助人等方面的技能。例如:故事《彩虹色的花》教会幼儿怎样做个乐于助人的人,《小猴打电话》教会幼儿如何有礼貌地打电话,《懂礼貌的小白兔》教会幼儿如何与人文明交往,等等。这些文学作品,能够丰富幼儿与同伴交往的经验,使幼儿在交往中学会构建良好的同伴关系,为今后建立和谐的人际关系奠定基础。

3. 培养幼儿的美感,发展幼儿的审美能力

学前儿童文学作品的审美价值一般较高,具有语言美、形象美、意境美等特点,不仅能增强幼儿的道德感,丰富幼儿的语言,还能让幼儿在欣赏过程中获得美的享受,既提升了幼儿感受美的能力,培养了幼儿的艺术气质,又能满足幼儿表现和创造美的需要,提升幼儿的想象力,丰富幼儿的情感体验,让幼儿充分享受文学作品带来的愉悦。例如,常见的学前儿童文学作品类型——诗歌,这种文学体裁富有节奏感、韵律感、形象性,情感洋溢,想象丰富,语言含蓄而凝练,同时具有对称、均衡或错落有致的整体结构,集中体现了文学语言的形象美和形式美。如诗歌《春天是一本书》:"春天是一本彩色的书——黄的迎春花,红的桃花,绿的柳叶,白的梨花。春天是一本会笑的书——小池塘笑了,酒窝圆又大;小朋友笑了,咧开小嘴巴。春天是一本会唱的书——春雷轰隆隆,春雨滴滴答,燕子唧唧唧,青蛙呱呱呱。"幼儿在欣赏诗歌的过程中,不仅能感受到诗歌的美,更能萌生对春天的热爱和向往之情。

二、学前儿童文学活动的教育价值

学前儿童文学活动是学前儿童对文学作品进行重新建构和再创造的过程,

它对促进学前儿童语言、智力、情感、审美能力、价值观和创造性的发展具有重要的教育价值。优秀的学前儿童文学作品不仅可以激发学前儿童欣赏文学作品的兴趣,提升他们的语言感受能力,激发他们的表达热情,培养他们良好的倾听习惯和倾听能力,使他们能用恰当的语言和表达方式与他人沟通,而且还将对学前儿童的心理产生潜移默化的影响,使他们获得美的享受、美的熏陶,在提升学前儿童审美能力的同时,满足他们创造性的需要,促进他们身心健康发展。

三、学前儿童文学活动的基本特征

学前儿童文学活动,是幼儿园语言教育中不可或缺的活动类型,具有如下基本特征。

(一)围绕文学作品教学开展活动

学前儿童文学活动的主要特征之一就是它从文学作品教学入手,围绕作品教学开展活动,其主要目的是促进幼儿审美能力、文学理解能力和想象力的发展,而不是通过文学作品进行知识教育或道德教育。

(二)整合相关的学习内容

学前儿童的思维特点主要表现为:具体形象思维占主导,有意注意和有意记忆的时间都较短,语言表达水平较低。因此,儿童文学作品一般都以幼儿较熟悉的形象和生活经验为内容,以促进他们对文学作品的感知和理解。例如,很多幼儿都喜欢《小熊开商店》的故事,很多老师就按照故事中各种动物的形象制作道具,组织幼儿表演,这一活动深受幼儿喜爱。

(三)提供多种与文学作品相互作用的途径

根据儿童语言获得的相关理论,儿童的语言是在他们自己与外界相互作用的过程中逐渐发展起来的。因此,在学前儿童文学活动中,教师应着重引导幼儿积极地参与互动,通过操作让幼儿动手、动脑、动口、动眼、动耳,以多种形式组织教学,调动幼儿的多种感官,使他们深刻地理解和感受作品。

四、学前儿童文学活动中作品的选择原则

在学前儿童文学活动中,作品既是活动的依据,又是实现教育目标的载体。作品选得好,才能保证教育目标的顺利实现。选择学前儿童文学活动的作品时,既要考虑到作品内容的教育功能,又要考虑到幼儿的欣赏趣味和实际欣赏能力。可用于学前儿童文学活动的作品主要有生活故事、民间传说、儿歌、童话、抒情散文和儿童话剧等。无论选择哪种类型,都要首先符合幼儿的年龄特点,为幼儿所喜爱。概括起来,在为学前儿童文学活动选择作品时,要注意以下几点:

(一)形象鲜明、生动

《小白兔》这首广为流传的儿歌很好地抓住了小动物的主要特征和神态动作,将小白兔的形象十分生动地表现出来。"小白兔白又白,两只耳朵竖起来,爱吃萝卜爱吃菜,蹦蹦跳跳真可爱。"这类生动形象的描写增强了作品的艺术感染力和表现力,深受幼儿喜爱,能够提高幼儿的学习兴趣。

(二)结构简单,情节有趣

学前儿童对事物相互关系的理解往往比较简单且片面,因此,给他们讲的故事不宜太复杂。在结构方面,学前儿童文学作品多采用"开门见山"的方式,如《狼和小羊》一开头就写双方的冲突:"一只小羊在河边喝水,一只狼走过来说:'这河里的水是我的,你为什么喝我的水?'"这样,一下子就把幼儿带进故事的情节中去了,颇受幼儿喜爱。

(三)语言浅显易懂,具体生动

学前儿童比较容易理解一些反映事物具体特征的词语,对于词义的理解尚未发展到较高的水平,特别是对一些抽象的词语更是难以理解。因此,要为他们选择语言浅显易懂、具体生动的作品。

(四)题材以学前儿童熟悉的生活经验为主

学前儿童语言的学习内容应取材于他们所熟悉的人或事物,与他们的生活

经验密切相关,这种作品才能更好地为他们所理解,学习的效果才会更好。

第二节 学前儿童文学活动的主要类型

学前儿童文学活动主要包括诗歌、故事和散文活动。

一、诗歌活动

(一) 儿歌

儿歌是适合婴幼儿听、赏、念、唱且篇幅短小的歌谣,是婴幼儿最早接触、最容易接受的一种文学样式,是由听觉感知的语言艺术。儿歌既有传统儿歌,又有现代儿歌。传统儿歌是幼儿喜闻乐见的一类文学作品,是流传下来的民间儿童歌谣。现代儿歌是现代作家根据幼儿的心理特点和理解能力,用简洁的韵语写成的儿歌作品。

与其他形式的文学作品相比,儿歌特点鲜明:首先,儿歌篇幅短小精巧,以四句、六句、八句居多,易学易唱;其次,儿歌语言活泼、节奏明快,具有鲜明的音乐性和节奏感,合辙押韵,朗朗上口;最后,儿歌还具有优美的旋律、和谐的音韵和真挚的情感,能给人带来美的享受和情感的熏陶。

常见的儿歌包括摇篮曲、游戏歌、数数歌、问答歌、绕口令、顶真歌、谜语歌、字头歌、颠倒歌等。

1. 摇篮曲

摇篮曲又叫催眠曲,内容简单,词句简短,语言柔美,是成人吟唱给婴幼儿听,帮助婴幼儿情绪稳定地进入睡眠状态的儿歌形式。摇篮曲极富音乐性,韵律感强,节奏舒缓,能够营造宁静安定的气氛。如黄庆云作品《摇篮》(节选):

花园是摇篮,摇着花宝宝,风儿轻轻吹,花宝宝睡着了。

妈妈的手是摇篮,摇着小宝宝,歌儿轻轻唱,宝宝睡着了。

《摇篮》是一首典型的摇篮曲,既是歌,也是诗。它展现了"蓝天""大海""花园"以及"妈妈的手"等意象,运用拟人、比喻等修辞手法将它们和谐地联结在一起,形成一个温馨、静谧的环境,可以使孩子陶醉在这种优美的意境中安然入睡。

2. 游戏歌

游戏歌,是幼儿游戏时伴随着一定的游戏动作而吟诵的儿歌。与一般儿歌不同的是,游戏歌一般伴随幼儿游戏而创作,相当于游戏活动中的一个口令,有组织游戏的作用,用于指挥游戏动作或统一节奏。游戏歌有助于幼儿熟记游戏动作,提示幼儿按照内容和节拍做出相应动作。儿歌内容与游戏相得益彰,带给幼儿极大的愉悦。

例如,幼儿园广泛流行的《拍手歌》:"你拍一,我拍一,一只孔雀穿花衣;你拍二,我拍二,两只小鸭上河沿;你拍三,我拍三,三只大雁飞上天;你拍四,我拍四,四只熊猫吃竹子……"《拍手歌》还有多种版本,如"你拍一,我拍一,一个小孩坐飞机;你拍二,我拍二,两个小孩丢手绢;你拍三,我拍三,三个小孩爬高山;你拍四,我拍四,四个小孩写大字;你拍五,我拍五,五个小孩在跳舞;你拍六,我拍六,六个小孩滚雪球……"这种拍手歌,要求两个小朋友相对而坐,互相伸出双手左右击掌对拍,边拍手边念儿歌,让幼儿在拍手对数的过程中加深对事物或现象的认识,并享受游戏的乐趣。再如,游戏歌《踢毽歌》:"小鸡毛,真美丽,扎个毽子大家踢。左脚踢,右脚踢,踢个花样比一比。一会儿高,一会儿低,像只小鸟飞呀飞。你踢八十七,我踢一百一。"幼儿可以一边说着儿歌,一边踢着毽子,趣味性极强。

3. 数数歌

数数歌是通过符合幼儿审美心理和情趣的形象描写来巧妙地训练幼儿数数能力的儿歌。它将数学与文学巧妙地结合,将无形的数字化为形象可感的具体事物,化抽象为具体,富有知识性、教育性、趣味性。例如,广为流传的传统儿歌《数蛤蟆》:

> 一个蛤蟆一张嘴,两只眼睛四条腿,扑通一声跳下水。
>
> 两个蛤蟆两张嘴,四只眼睛八条腿,扑通扑通跳下水。

在这首数数歌中,蛤蟆的嘴、眼睛和腿的数目是随着蛤蟆数目的增长而按不同的倍数增长的。吟诵这首儿歌,不仅可以训练幼儿的初步运算能力,还能训练幼儿的思维和语言表达能力。

4.问答歌

问答歌,是指采取一问一答或连问连答的形式叙述事物、反映生活的儿歌形式。它有利于培养幼儿比较、鉴别事物的能力。问答歌又叫"对歌"或"盘歌",它采用设问作答的形式表现作品内容,引导幼儿熟悉事物,感受生活。如问答歌《谁会爬》:

  谁会爬?

  虫会爬。

  虫儿怎样爬?

  许多脚儿慢慢爬。

这首儿歌结构简单,一问一答的形式既有趣又富有教育意义,能够启迪幼儿的心智,唤起幼儿对具体事物的注意,帮助幼儿认识理解周围的世界。幼儿还可以在教师的启发和指导下发散思维,如继续创编《谁会游》《谁会跑》《谁会飞》等。

5.绕口令

绕口令,又叫拗口令、急口令,是利用一些读音相近的字词形成语音拗口的儿歌,它是一种深受幼儿喜爱的语言游戏。绕口令在形式上常常使用双声、叠韵的手法,其中含有大量发音相同、相近的字词。其内容富有幽默色彩,有助于帮助幼儿训练口齿的灵活性、活跃思维,使幼儿在唱诵中体验游戏的快乐。中国传统的绕口令内容丰富、种类繁多,各地流行的绕口令是人们在长期的生产、生活中创造出来的一种口头文学,生活气息浓郁。例如,绕口令《夸骆驼》:

  骆驼驮着货,货用骆驼驮。

  伯伯牵骆驼,一个跟一个。

  穿过大沙漠,不怕渴和热。

  伯伯夸骆驼,干活真不错。

这首绕口令能够帮助幼儿区别几个读音相似的字的读法,并且能够教育幼儿学习骆驼吃苦耐劳的精神。

6.顶真歌

顶真歌采用顶真的修辞手法,以上一句的末尾做下一句的开头,语句顺接

紧凑,是一种具有特殊表现形式的儿歌。顶针歌从内容上来看,歌词往往并不完整,没有明确的意思,但句式简短,连用谐音,节奏鲜明,韵律感极强,生动有趣,顺口易记。从形式上看,具有随韵接合、环环相扣、一气呵成的特点。例如,"板凳板凳歪歪,里面坐个乖乖,乖乖出来买菜,里面坐个奶奶。"此类儿歌具有训练幼儿语言能力、培养幼儿思维能力的功能。

7. 谜语歌

谜语歌,又叫儿歌谜,是以歌谣形式表述谜面的谜语。例如:"麻屋子,红帐子,里面睡个白胖子。"谜底是花生。应当注意的是,为学前儿童提供的谜语歌,不能过于复杂,应尊重其认识能力和理解水平,否则会使幼儿丧失信心,进而失去学习兴趣。例如,适合幼儿学习的以"雪"为谜底的谜语歌:

普天之下是一家,家家户户种棉花。

今年种棉没留种,明年冬日又开花。

这首谜语歌抓住了"雪"和"棉花"的共同特点——洁白、柔软。幼儿可以根据"冬日又开花"的线索猜出谜底。这首儿歌既需要幼儿动脑思考,又并不复杂,朗朗上口,适合唱诵。

8. 字头歌

字头歌,是一种特殊而古老的儿歌形式,每句最后的一字相同,一韵到底。这类儿歌语言亲切、风趣,韵律感强,因此深受幼儿喜爱。字头歌多以"子""头""儿"作为每句结尾,如字头歌《秋天果子多》:

秋天像只大盘子,盛满各种甜果子。

绿苹果,红柿子,黄澄澄的大梨子,

串串葡萄赛珠子,像灯笼的是橘子。

秋天是只果盘子,人人喜欢吃果子。

这首字头歌每句都以"子"字结尾,结构完整,并包含了季节、水果、颜色等多种知识,具有丰富的认知内涵。

9. 颠倒歌

颠倒歌是一种使用夸张、颠倒的手法来描述大自然和社会生活中某些事物和现象,达到以表面的荒诞揭示事物本相和实质目的的传统儿歌形式。颠倒歌又叫"错了歌""古怪歌""滑稽歌"。这类儿歌有意把事物的真相颠倒过来,说得跟实际相反,这就产生了离奇、诙谐的效果,荒唐可笑,使孩子们觉得非常有趣。如颠倒歌《小槐树》:

小槐树,结樱桃,杨柳树上结辣椒。
吹着鼓,打着号,抬着大车拉着轿。
蚊子踢死驴,蚂蚁踩塌桥。
木头沉了底,石头水上漂。
小鸡叼个饿老雕,小老鼠拉个大狸猫,你说好笑不好笑。

这首颠倒歌既能在快乐的笑声中培养幼儿丰富的想象力和幽默感,又能增强他们的判断和识别能力,锻炼他们从反面来联系和思考问题的逆向思维能力。

(二)幼儿诗

幼儿诗,是以幼儿为阅读主体,符合幼儿的心理和审美特点并适于幼儿听、赏、吟、诵的诗歌形式。幼儿诗有利于培养幼儿良好的道德品质、思想情操,能够激发幼儿的想象力、思维能力,培养幼儿良好的审美意识和艺术鉴赏力。必须注意的是,幼儿诗受到幼儿心理发展水平的制约,因此诗的内容、构思、语言等都必须符合幼儿的年龄特征,它所反映的生活必须是幼儿喜闻乐见的,它的语言和艺术形式必须是幼儿易于接受的。

幼儿诗的特点可以通过与儿歌特点的比较来进行分析。相比而言,二者既有共同点,又有不同点:幼儿诗与儿歌都有丰富的情感、鲜明的形象、优美的意境、极具童趣的语言和自然明快的节奏;但是,相对于儿歌,幼儿诗在思想内容上较为含蓄,结构形式上较为复杂。如幼儿诗《家》:

蓝色的大海,是珊瑚的家。
黑色的云朵,是大雨的家。
深深的地下,是石油的家。
密密的森林,是蘑菇的家。
小朋友,到动物园玩儿,可别忘了回家!

整首诗从一个全新的角度,调动起幼儿已有的知识经验,将幼儿所不熟悉的事物引入他们熟悉的经验范畴,帮助他们去认识和想象周围的世界。诗句简练,充满了欢快流畅的情绪,易于为幼儿所接受。

二、故事活动

(一)童话故事

1. 童话故事的概念

童话故事是一种符合幼儿心理发展特点且具有浓厚幻想色彩的虚构故事,侧重以夸张、拟人、象征的手法塑造形象、表现生活。童话故事起源于神话传说,富有浪漫主义色彩,既有现实性较强的故事,也有幻想性较强的故事。

2. 童话故事的特点和类型

童话故事具有幻想性,是一种非写实性文学,往往运用夸张、象征、拟人、神化、变形、怪诞等艺术手法反映生活,同时又创造了一个不同于现实生活的虚幻境界。童话故事中有常见的拟人形象,也有具有超人的神奇能力,能创造自然奇迹的超人形象,还有以人的本来面目出现于童话中的常人形象。

从时代发展的角度来分类,童话故事可以分为传统童话和现代童话两类。传统童话一般具有简单明快的叙述模式、鲜明的主题和类型化的人物特征。而现代童话则多表现纯真的儿童世界,表达儿童渴望成人的童年梦想,文本结构呈现出多样化和个性化的特征。

从作者的角度划分,童话有民间童话和创作童话两类。民间童话由人民群众集体创作,具有民间文学的集体性、口头性、变异性、传承性等基本特征,人物往往类型化,结构、语言也有定型化的特点,并且具有明显的地方色彩。而创作童话由作家个人创作,或取材于民间童话,融会了作家本人的审美理想,或取材于现实生活,具有创作风格和创作方法的独特性。

除此之外,童话故事的分类方法还有以下几种:从体裁的角度分,有童话故事、童话诗、童话剧等;从篇幅长短的角度分,有长篇童话、中篇童话、短篇童话;从内容角度分,有文学童话和科学童话(知识童话);从童话创作的美学特征角度分,有拟人童话、神奇童话、传奇童话、诙谐童话等。

(二)生活故事

1. 生活故事的概念

生活故事是指以现实中的幼儿为主要角色,以其日常生活和活动为题材的幼儿故事。生活故事有很强的现实针对性,同时具有单纯而又曲折的故事情节和浓郁的幼儿生活情趣,兼具教育功能和愉悦功能。

2. 生活故事的特点

生活故事的主人公大多为幼儿,故事的主旨对幼儿具有教育意义,旨在引导他们进取、向上,追求美好的东西,或委婉地指出他们身上的缺点和不足,启发他们加以克服。生活故事的特点主要表现在以下几个方面。

首先,从题材上看,生活故事具有现实性。生活故事以学前儿童为主要人物,以他们的日常生活、活动为题材,表现的是幼儿自己的生活,是对幼儿生活的真实写照。生活故事能让幼儿产生真实感和亲切感,能够比较直接地引导幼儿对照自己的生活,思考自己的行为是否合乎社会规范。

其次,从教育意义上来讲,生活故事具有针对性。如针对幼儿的不良习惯,采用幽默、富有喜剧性的方式对幼儿进行教育,引导他们向上。生活故事往往是作者撷取幼儿日常生活中的某些现象、事例而编织成的,甚或直接选用真人真事进行构思,以解决幼儿在成长过程中需要解决的问题。例如,杨福庆的《谁勇敢》,选取了捅马蜂窝这样一个幼儿日常生活中经常碰到的事例来写。全篇故事只有四百多字,却通过直观的对比,形象地告诉孩子什么是莽撞逞能,什么是真正的勇敢,引导幼儿分辨是非,帮助幼儿健康成长。

最后,从情节上来讲,生活故事具有趣味性。有趣是生活故事的基础。对幼儿来说,他们听故事仅仅是为了得到快乐。因此,一个好的幼儿生活故事,应当能让小朋友听了(或读了)以后,发出愉快的笑声,感到身心愉悦。生活故事的趣味性来自幼儿那充满情趣的生活,来自对充满情趣的幼儿生活的细节描写,来自幽默风趣的叙述语言。

三、散文活动

(一)散文和幼儿散文的概念

散文指不讲究韵律的文章,也指除诗歌、戏剧、小说外的文学作品,包括杂文、随笔、特写等。它特别强调个性化和个体情感的抒发,同时,在写作上又相当自由灵活,选材极为广泛,具有自由疏散的笔法、集中的主题和清楚的脉络,首尾连贯。

幼儿散文是以幼儿为接受主体,传达幼儿生活情趣及心灵感受,适合幼儿审美需求和欣赏水平,能够提升幼儿语言素养和语言能力的散文样式。我们所说的幼儿散文是散文的一部分,它具有散文的一般特点,又适于幼儿阅读。幼儿散文言语凝练、生动、优美,多是叙事、记人、状物或写景作品。

(二)幼儿散文的特点

幼儿散文作为学前儿童文学活动的重要形式,具有鲜明的特征,可以将其归纳为以下几点:

首先,幼儿散文富有童真、童趣。幼儿具有特殊的心理、情绪、思维方式和情感指向。幼儿散文从幼儿的视角入手,作品表现的是幼儿独有的情感,既不同于童话的故事性,也没有特别鲜明的人物形象,而是以童真、童趣取胜,反映幼儿的好奇与思考、情感与追求。

其次,幼儿散文充满想象,情节生动。幼儿散文中的形象都生动活泼,具体逼真,这些形象能够激发幼儿的想象力和创造力。

最后,幼儿散文的语言浅显易懂,又能营造优美的意境。

以幼儿散文《小秘密》为例:

"呼——",轻轻,轻轻,秋风来了!她是位辛勤的收藏家,你知道吗?看,她的家园好大好大!她把绿色的树叶收藏,把金黄的果实收藏,把天空的湛蓝收藏,把小溪的叮咚歌唱收藏……哦?她忘记收藏枫叶的红了吗?不是!嘻嘻,她呀,要在枫叶上写下红色的信,藏进南飞的大雁的翅膀,告诉南方的小朋友,北方的童话多么优美,好听的故事有多长,多长……这是个小秘密,你千万不要和别人讲!

幼儿的理解能力和欣赏水平有限,因此幼儿散文常常通过浅显易懂又不失清新的语言来营造优美的意境。作品多运用拟人、比喻等手法赋予大自然中的草、木、鸟、兽以人的语言、行为和情感。如果幼儿散文的语言过于艰涩,幼儿就会难以理解和接受。

第三节　学前儿童文学活动的语言教育要求

一、学前儿童文学活动的教育目标

在制定学前儿童文学活动的目标时,首先要考虑一般的学前儿童语言教育目标,然后再根据文学活动的特点及幼儿的年龄特征制定具体的教育目标。根据《纲要》的总体要求,结合文学活动的特点和幼儿的年龄特征,可以将学前儿童文学活动的教育目标从以下三个维度分别进行阐述:

(一)学前儿童文学活动的知识与技能目标

1. 理解文学作品的内容,了解相关的社会知识

文学作品都有其基本的人物、情节。对于幼儿而言,能听懂并理解文学作品是顺利进行下一阶段学习的前提。间接经验是人类传递生存智慧最重要的形式。幼儿能通过学习文学作品这一生动有趣的方式来认识社会、丰富经验,这是学前儿童文学活动的主要价值之一。

2. 了解普通话发音,扩展词汇量,感知各种不同句式的表达

语言有三个要素——语音、词汇和语法。文学作品是语言最成熟的表达形式,幼儿在学习文学作品的过程中,能逐渐感知语音、丰富词汇、了解语法结构的运用。

3. 知道文学作品有不同的体裁,了解文学形式的多样性

故事、散文、诗歌等不同的文学体裁在语言表达、情节构思等方面都有所不同,幼儿在学习文学作品的时候,能够逐渐了解不同体裁的差异,并感受到汉语文学的博大精深。

(二)学前儿童文学活动的过程与方法目标

1. 学会倾听,提高对文学作品的理解和想象能力,能够用语言大胆地表达自己的想法

在人际交往中,"听"是一种非常重要的能力。《纲要》中明确要求:"养成幼儿注意倾听的习惯,发展语言理解能力。"首先,要让幼儿注意倾听,这里指出了"听"的有意性。任何有目标的学习都离不开有意注意,而能够注意倾听,是幼儿听得懂的前提。其次,要让幼儿善于倾听,这里指出了"听"的技巧性。如何能迅速理解作品,抓住作品的要点,对作品进行推理、判断等种种操作,都有赖于幼儿的倾听技巧。最后,要让幼儿乐于倾听,这里指出了"听"的情感体验。学习过程中良好的情绪体验能够极大地激发幼儿的学习兴趣。所以,要让幼儿喜欢上听故事。

会"听"不够,还得会"说"。语言是一种双向沟通的过程,所以当幼儿提出自己不理解作品后,教师应提出问题或组织讨论,引发幼儿的思考,并鼓励幼儿用语言表达自己的想法。

2. 能够说好、说准普通话

学前阶段是幼儿掌握语言最重要的时期。所以,在这一阶段开展文学活动的时候,教师应加强对幼儿普通话的培养。一方面,幼儿教师自己应使用标准的普通话;另一方面,应多鼓励幼儿使用普通话,并及时纠正幼儿的错误发音。

3. 能够根据文学作品的艺术表现特点,创造性地运用语言

在学前儿童语言教育活动的各种形式中,学前儿童文学活动所采用的教学材料是最成熟的语言表达形式。因此,在学前儿童文学活动中,教师应创造机会让幼儿尝试用自己的理解去创造性地运用这些语言。

(三)学前儿童文学活动的情感、态度与价值观目标

1. 能体验文学作品的情感内涵和人物的内心活动,能够欣赏文学作品的语言之美

文学作品都有其基本的情感色彩,每个人物也都有各自不同的心路历程。对幼儿而言,对文学作品的接触,重点并不在于学习,而在于感受和体验。这种对于作品的体验又会进一步加深幼儿对作品的理解。语言之美是一种感性的体验,诗歌的灵动、散文的优美、故事的精巧、绕口令的趣味都是在抑扬顿挫的韵律和富有巧思的形式中表现出来的。

2. 对文学作品产生兴趣,喜欢欣赏文学作品,积极参加文学活动

激发幼儿的兴趣,让兴趣成为学习最好的导师。文学的创作从古至今,未曾断绝。幼儿教师在课堂上对文学作品的讲述只能说是一种抛砖引玉的手段,旨在激发幼儿对文学的兴趣。唯有如此,幼儿才会主动地了解、学习文学作品,才能更加积极地参与文学活动。

3. 能够通过学习文学作品,掌握其传递的精神内涵

现在的幼儿园活动往往都是跨领域的活动,并非仅涉及某一领域的单一活动。文学作品中生动的情节往往是反映社会现实的,因此文学活动也是最能潜移默化地对幼儿进行价值观教育的手段。比如《狼来了》的故事,能让幼儿了解说谎的害处,明白要做诚实守信的人。

二、学前儿童文学活动的年龄阶段目标

学前儿童文学活动的教育目标需要落实在不同年龄段的幼儿身上,总目标中的内容在不同年龄的幼儿身上有不同的体现,具体见表7-1。

表7-1 学前儿童文学活动的年龄阶段目标

	小班(3—4岁)目标具体内容	中班(4—5岁)目标具体内容	大班(5—6岁)目标具体内容
知识、技能与方法	1. 知道诗歌、散文和童话故事是不同体裁的文学作品 2. 学习理解文学作品的情节内容或画面情景,能用语言、表情、动作等方式表达自己对文学作品的理解 3. 能在文学作品原有的基础上扩展想象,仿编诗歌、散文中的一句或续编故事结尾	1. 知道文学作品语言与日常生活语言的不同 2. 学习感受文学作品的情感基调,理解人物形象,能运用较恰当的语言、动作、绘画等形式表达自己对文学作品的理解 3. 能根据文学作品提供的线索,发挥想象,仿编或续编一个情节	1. 在文学活动中积累文学语言,并尝试在适当场合运用 2. 在理解文学作品人物、情节或画面的基础上,学习理解作品的主题或感受作品的情感脉络 3. 初步感知文学作品语言和结构的艺术表现特点,开始接触文学作品的艺术语言构成方式 4. 能依据文学作品提供的想象线索,联系个人已有的经验扩展想象,创造性地进行表述
情感与态度	1. 喜欢欣赏文学作品,愿意参加文学活动,对文学作品的语言感兴趣 2. 能初步感受文学作品的语言美	1. 喜欢欣赏不同形式的文学作品,主动积极地参与文学活动 2. 进一步感受文学作品的语言美	乐意欣赏不同体裁、不同风格的文学作品

第四节 学前儿童文学活动的设计与组织

一、学前儿童文学活动设计与实施的基本结构

学前儿童文学活动是系列的、网络状的活动,其活动过程可基本分为以下四个环节。

(一)初步感知文学作品

这是学前儿童文学活动的起始环节,主要让学前儿童接触、认知、欣赏文学作品,这是任何一类或任何一个文学作品的学习所不可缺少的重要环节。教师应根据学前儿童文学作品的不同体裁、不同风格及作品内容的难易程度,采用不同的方式组织教学。例如:有感情地朗诵或讲述文学作品;结合情境表演,运用多媒体设备或配以桌面教具完整地演示文学作品。引导学前儿童欣赏文学作品,使他们对文学作品有一个整体的印象,然后再通过多种角度的提问,帮助他们初步理解文学作品的内容。

在这一环节的活动中,有三个值得教师注意的问题:

第一,不要过多地重复讲述,以免幼儿感到乏味,失去兴趣。故事类作品的讲述以两遍为宜,诗歌、散文篇幅相对短小,可以适当增加次数。

第二,不强调机械记忆或背诵文学作品,应减轻幼儿短时记忆的负担,让他们将更多的注意力投向欣赏和体验的过程。

第三,多用提问的方式组织讨论,加深幼儿对文学作品的理解。

(二)理解、体验文学作品

在引导学前儿童初步感知文学作品的基础上,教师要进一步组织与认识作品内容有关的活动,帮助学前儿童逐步深入理解作品的主要内容、情节、人物特点,进而体验作品中人物的思想情感,感受作品的语言美、意境美。

在这一环节的活动中,教师应注意以下两点:

第一,要将指导的重点放在理解、体验文学作品上,不要草草地提几个问题后,就让幼儿朗读、背诵或复述作品。

第二,在此阶段中,对表演法、游戏法等方法的使用要符合文学作品本身的特点。要避免学前儿童文学活动中出现一种形式越花哨越好的错误倾向。乍一看,整个活动的过程非常热闹,活动中既有幼儿的表演又有有趣的游戏,但只要仔细地分析一下便不难发现,有些表演、游戏只是让活动过程中的花样增多了一些,根本无法达到让幼儿深入理解作品的目的。对这些表演和游戏,即使设计得再巧妙也应予以摒弃。

(三)迁移文学作品的经验

文学作品向学前儿童展示的是建立在他们直接生活经验基础上的间接经验,这种经验常使学前儿童感到既熟悉又新奇有趣,迫切地想体验。要使学前儿童真正理解、体验文学作品,就需要进一步组织与文学作品重点内容有关的,可操作的或具有游戏性质的活动,让学前儿童在活动中将作品各方面的内容进一步整合并纳入自己的经验范畴,使他们的直接生活经验与文学作品中的间接经验实现双向的迁移。

(四)创造性想象和语言表述

通过前面三个层次的活动,学前儿童对文学作品本身的感知、理解和体验已达到了一定的要求,教师可以进一步创设机会,让学前儿童扩展想象,并创造性地运用语言去表达自己的认识与想象。例如,让学前儿童续编、扩编故事,仿编、改编、创编诗歌或散文,引导学前儿童围绕文学作品的内容进行想象性讲述,等等。

在这一环节的活动中,教师应注意以下两点:

第一,活动应围绕原有的文学作品的内容展开。

第二,注重培养学前儿童对语言艺术的敏感性,应鼓励学前儿童开动脑筋,大胆表述自己的所思所想。

二、几种常见文学活动的设计与指导

(一)学前儿童故事活动的设计与指导

1. 学前儿童故事作品的选择

(1)主题明确,有教育意义

学前儿童故事活动中作品的主题应只有一个,且简单明确易于幼儿理解。它对幼儿应有一定的教育意义,有助于训练幼儿的创新思维。

(2)结构简单,情节有趣

幼儿对事物相互关系的理解能力不高,因此应选择那些人物关系简单,情节不复杂但生动有趣的幼儿故事,如童话《三只蝴蝶》《唱歌比赛》等。

(3)形象鲜明,语言浅显易懂

故事中性格鲜明的人物形象往往能很快吸引幼儿的注意,如《小兔乖乖》中慈爱的兔妈妈、狡猾的大灰狼,此外,可爱的长耳朵、短尾巴、红眼睛等元素都能深深吸引幼儿。

(4)要有针对性

可根据幼儿的实际情况,为他们选择相关的主题内容对其进行教育。例如,当教师注意到幼儿吃饭爱掉饭粒时,可选择《漏嘴巴》的故事,通过有趣的故事内容教育孩子要养成节约粮食的好习惯。

2. 学前儿童故事活动的基本环节

(1)创设情境,引出故事

教师要运用一定的手段,设置一定的情境,激发幼儿迫切了解故事的兴趣。常用的几种导入方式有:直观教具导入法、猜谜导入法、表演导入法、提问导入法等。例如,在故事活动"唱歌比赛"中,教师就可以通过"小动物会唱歌吗?"这一问题,激发幼儿听故事的兴趣,引出故事。

(2)初步感知故事内容

让幼儿感知、理解并欣赏故事的方法有很多。其中,教师讲述是用得最多也最直接的一种方法。教师在引起幼儿听故事的兴趣后,可以借助适当的直观教具，用生动有感情的语言完整地讲述故事，让幼儿对故事内容有基本的了解和认识。

(3) 理解故事内容

教师可通过使用教具、故事表演和提问等方式，帮助幼儿理解故事的主题、情节、人物性格特征。如在《三个和尚》的故事教学活动中，教师在讲完第一遍故事后，可以提出描述性问题，如："故事的名字是什么？""故事中有哪些人物？""他们住在什么地方？""他们之间发生了一件什么事？"通过描述性问题帮助幼儿理解故事内容。接下来，教师讲第二遍故事，讲完后提出思考性问题，如："这三个和尚怎么样，他们团结吗？""他们是会想办法的小和尚吗？""小和尚除了挑水喝，还可以用其他方法喝到水吗？"最后，教师组织幼儿围绕故事进行表演，并在表演后提出假设性问题，如："如果你是这三个和尚中的一个，为了让大家都有水喝，你会怎么做呢？"启发幼儿的发散性思维，鼓励幼儿大胆想象，将故事主题与现实生活结合起来，激发他们的想象力和创造能力。

(4) 围绕故事开展相关的语言活动

为帮助幼儿理解和掌握故事，教师可以在活动的延伸环节安排如表演故事、复述故事、创编故事和续编故事等围绕故事主题设计的各种语言活动。不同年龄班的活动重点可以根据具体情况有所侧重：

小班活动重点：编结局，即幼儿根据个人对故事情节、人物、主题的理解，在故事即将结束时为故事想象编构出一个结局。

中班活动重点：编高潮和结局，即编"有趣情节"。教师在讲到故事的高潮部分时突然停止，并提示幼儿发挥想象，编构接下来的部分。

大班活动重点：编完整故事。到了大班，幼儿编构故事的水平有了明显的提高，所以教师可以引导大班幼儿尝试编构完整的故事。对幼儿编构的故事要求不必过高，只要具有人物、情节、对话和主题等基本构成要素即可。此外，教师应为幼儿提供一些背景材料，以帮助幼儿顺利编构故事。

创编和续编活动对幼儿想象力及创造力的发展大有裨益。创编的难度较大，对幼儿知识、能力的要求更高。因此在幼儿故事编构教学中，教师应充分考虑到幼儿的年龄特点和能力水平，小中班以续编为主，大班以创编为主。

3. 学前儿童故事活动的组织与指导要点

第一，要帮助幼儿积累相关的知识、生活经验。

第二,教师讲述故事时,语言要规范、完整、生动形象。

第三,教学形式要丰富多样,围绕故事主题开展相关的丰富多彩的活动。

第四,三个层次问题的设计应恰当,重在理解与体验。

第五,以发展幼儿创造性想象和语言表达的能力为主。

总而言之,教师应为幼儿设计丰富多样的教学活动,为其创造想象和表述的机会。

(二)学前儿童诗歌、散文活动的设计与指导

1. 学前儿童诗歌、散文作品的选择

(1)作品要适合幼儿已有的经验和水平

诗歌和散文语言含蓄、凝练,幼儿如果没有相应的生活经验和理解水平,就很难理解作品的内容和表达的情感。因此,教师在选择作品时要充分考虑到幼儿的经验水平。例如:小班在选材上应以儿歌为主,选择篇幅短小、主题明确、语言生动活泼的作品;中班则以儿歌、幼儿诗为主,宜选择篇幅较长、语言生动活泼、重复结构较多的作品;而大班可选的题材较为广泛,那些篇幅较长,主题积极向上,画面丰富的作品都可以逐渐引入到大班的教学活动当中。

(2)题材广泛,有教育意义

教师在选择作品时应注意题材的多样化。例如:既可以选择生动有趣的叙事诗,如《小猪爱睡觉》《下巴上的洞洞》等;也可以选择描绘美丽的大自然或人们美好心灵的抒情诗,如《春风》《听雨》等;还可以选择浅显易懂的古诗,如《春晓》《咏鹅》等。

(3)构思巧妙,富有想象力,充满童趣

教师应为幼儿选择一些构思巧妙、充满童趣的诗歌和散文,让幼儿充分感受语言美和艺术美,拓宽幼儿的视野,启发幼儿的想象力。如散文诗《顽皮的小雨滴》:

> 小雨滴滚进泥土里,钻出了芽宝宝;
>
> 小雨滴扑在树枝上,冒出了绿娃娃。
>
> 小雨滴洒在蓝天下,飞起了小风筝;
>
> 小雨滴落在溪流里,跑出了小浪花。
>
> 小雨滴倒挂在电线上,走钢丝练杂技;

小雨滴喷在马路上,给马路洗个澡。
小雨滴跳到小草上,草儿伸伸臂;
小雨滴撒在小花上,花儿眨眨眼。
小雨滴蹦到池塘里,鱼儿点点头;
小雨滴浇在狗身上,狗儿摆摆尾;
小雨滴滑到鸭身上,鸭儿叫得欢。

这首散文诗意境优美,音调和谐,节奏感强,用拟人化的手法将顽皮的小雨滴的形象生动地表现出来,既有动感又有韵味,容易激发幼儿的欣赏愿望和学习兴趣,使其感知诗歌的语言美和意境美。

2. 学前儿童诗歌、散文活动的基本环节

(1)积累必要的知识经验

在正式活动前,教师要调动幼儿的多种感官,利用多种手段让他们去感受作品所反映的主题的意境,以便他们深入理解作品,为仿编或创编诗歌、散文打下良好的基础。

(2)创设情境,引出作品

诗歌和散文是以优美的语言和细腻的情感来感染幼儿的。因此,营造欣赏作品的良好氛围,培养幼儿对作品的感受能力非常重要。良好氛围的营造可以借助贴合主题的图片,结合教师生动的语言描述,将幼儿带入作品的意境当中;也可以借助美术、音乐等艺术手段,布置一个与作品意境相吻合的场景,便于幼儿进入作品意境,理解并掌握作品。

(3)初步感知作品内容

呈现诗歌、散文内容的方式有很多种。一般来说,教师可以在创设好的情境中引出诗歌、散文,以教师朗读或放录音等形式,给幼儿声情并茂地示范朗诵,让幼儿欣赏作品。教师的示范朗诵一定要有情感、有节奏、有起伏,要有音韵美,要能深深打动幼儿。

(4)深入理解作品内涵

在幼儿初步感知作品内容后,教师应进一步引导幼儿深入理解和体验作品内涵,具体可以采用以下几种方式。

①出示挂图等教具。教师将语言所描绘的意境转化成具体直观的画面,把画面做成挂图,组织幼儿通过观察挂图感受作品的优美意境。

②采用提问的方式。教师通过描述性提问来帮助幼儿理解作品的基本内容,如"作品中有哪些小动物,它们在干什么?"等;通过思考性提问引导幼儿体验作品的主题和情感,如欣赏大班散文诗《早晨》时,提出"你觉得太阳公公喜欢大地上的朋友吗?大地上的朋友欢迎太阳公公的到来吗?你是怎么看出来的?"等问题;最后通过假设性提问帮助幼儿迁移作品经验,学以致用,拓展幼儿的想象空间。

③朗诵诗文。教师应组织开展形式多样的朗诵活动,通过反复诵读,让幼儿不断品味、领悟作品,加深作品在脑海中的印象。多变换形式,既可以组织集体、分组、个人等形式的朗读,也可以安排分角色或对答式朗读。

(5)围绕主题开展相关的活动

在幼儿充分理解了作品内容之后,教师应围绕作品主题组织开展相关的语言活动,让幼儿亲身参与,更好地体验作品。不同的作品可以采用不同的活动形式,常见的活动形式有:诗歌表演游戏、配乐朗诵、教师和幼儿一起简单谱曲演唱、诗歌仿编活动等。

如大班欣赏的散文诗《落叶》:

树叶落在地上,小虫爬过来,躺在里面,把它当作屋子;

树叶落在沟里,蚂蚁爬过来,坐在上面,把它当作小船。

教师可以引导幼儿思考"树叶还会落在哪儿?还有谁遇到了落叶?落叶又会变成什么?"等问题,鼓励幼儿根据生活经验更换作品角色,大胆想象,拓展思维,将仿编的新句子整理成一首新的诗歌。

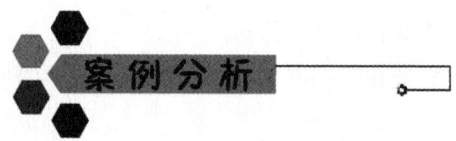

文学活动——微笑(中班)

  活动目标

1. 感受朋友之间的互相帮助、互相鼓励,了解真正的快乐源于分享。
2. 通过区别不同的角色,熟悉并初步掌握故事内容。
3. 理解词语"微笑""友好的""孤单的",并尝试着运用。

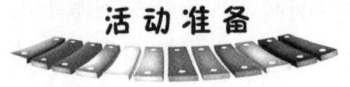

故事图片、多媒体设备、绘画工具。

1. 引入主题,了解微笑的感觉。

(1)教师出示"微笑"表情卡,请幼儿做微笑的表情。

(2)引导幼儿感受微笑时的心情。

指导语:当你微笑时,你的心里有什么样的感觉?当你看到别人对你微笑时,你又有什么样的感觉?

2. 完整欣赏故事一次。

(1)在这个故事里,你最喜欢谁?为什么?

(2)小鸟、大象、小兔它们都能为朋友做什么?

(3)小蜗牛看到朋友们都积极地帮助别人,它却很着急,这是为什么?

3. 分段欣赏故事,鼓励幼儿分段讲述。

(1)教师出示图片,带领幼儿共同讲述小鸟、大象、小兔的有关内容。

(2)教师出示图片,带领幼儿共同讲述小蜗牛的改变。

(3)教师引导幼儿理解"友好的""孤单的"这些词的含义,并鼓励他们将这些词运用到故事的讲述中去。

4. 幼儿动手制作一封关于微笑的信,送给自己关心的人。

指导语:为什么森林里的动物都说小蜗牛真了不起呢?我们可以用什么样的方法把快乐送给大家呢?

鼓励幼儿用小蜗牛的方法自制一封微笑的信。

附故事一则:

小蜗牛的微笑

小鸟说:"只要我醒着,我随时愿意为朋友们唱歌。"

大象说:"只要我醒着,谁有干不动的活,我随叫随到。"

小兔说:"只要我醒着,我愿意为朋友们送好消息。"

大家都热心地为朋友做些事情。小蜗牛好着急,它整天背着沉重的壳在地上慢慢地爬,别的什么也干不了。

一天下午,一群蚂蚁正忙着搬东西,它们从蜗牛身边走过,小蜗牛友好地向它们微笑。

一只蚂蚁说:"小蜗牛,你的微笑真甜!"

"对呀,我可以对朋友们微笑!"小蜗牛有了新想法。

第二天,小蜗牛把厚厚一叠信交给小兔,让它给森林里的每一个朋友送去。

朋友们拆开信,里面是一张画,画的是一只正在甜甜微笑的小蜗牛,画的下面还有一行小字:"当你觉得孤单或是不开心的时候,请记住你的朋友小蜗牛正在对你微笑!"

森林里的朋友们都说:"小蜗牛真了不起,它把微笑送给了整个森林!"

【案例来源】张玉敏.幼儿园语言教育与活动设计[M].长春:长春出版社,2013.

文学活动——猜猜我有多爱你(中班)

活动目标

1. 认真听故事,理解故事的内容,感受故事所表达的爱,体会故事中的语言美,学会表达爱的方式。
2. 感受妈妈的爱,培养爱家人、爱老师、爱同伴的情感。
3. 会用生动活泼的语言大胆地表达对周围人(父母、老师、伙伴等)的爱。

活动准备

1. 绘本《猜猜我有多爱你》、抒情音乐、多媒体设备。
2. 大海、山、树、月亮、星星等图片。
3. 彩色爱心卡片。

活动过程

1. 学习文学作品

教师向幼儿展示图书,引导幼儿认识书名,进入故事情境。活动开始时,教师先请幼儿说说故事的名字,猜猜故事的情节,然后再用分段讲述的方式给幼儿讲故事,在讲述过程中使用描述性提问、动作演示等方法帮助幼儿熟悉、理解故事内容。例如,在讲到"小兔子张开双臂表示对妈妈的爱"时,带领幼儿模仿小兔子的动作,并一起念"妈妈,我爱你这么多"。这种形式既能吸引幼儿的注意力,又能使他们更好地理解作品。

2. 理解和体验作品

教师在幼儿观看课件前提出问题,让幼儿带着问题有目的地倾听。例如,可提出描述性问题:"小兔子是怎么爱妈妈的?他是怎么说的?兔妈妈又是怎么说的?"可提出思考性问题:"小兔子有多爱妈妈?"在观看课件的过程中,教师引导幼儿重复表演小兔子的动作,以促进幼儿对作品的理解。

3. 迁移作品经验

(1) 说说你对爸爸、妈妈、老师、伙伴的爱

教师出示大海、山、树、星星、月亮等图片,先请个别能力较强的幼儿到前边来选择一张图片,根据图片中的内容用自己的语言来说一说自己对父母、老师和同伴的爱,鼓励幼儿把爱大声地说出来。

请幼儿思考:除了大声地说,还可以用什么动作来表示自己很爱老师和伙伴?提示幼儿可以用笑一笑、抱一抱、握握手等方式表达爱,并鼓励他们现场向老师和同伴表达爱。

教师在总结时要告诉幼儿:爱是相互的,爱对方多一点,对方才会更爱你。

(2) 画一画"我有多爱你"

教师组织幼儿画一画"我有多爱你",引导幼儿模仿书中的图片自己画图。

4. 创造性表现作品

(1) 故事创编

教师在幼儿熟悉并理解了作品的基础上,引导幼儿创编故事,用假设性提问启发幼儿:假如你是小兔子,你还能想到用什么话来表达你对妈妈的爱?你还能想到用什么动作来表示呢?

(2) 故事表演

运用准备好的图片来启发幼儿表达。教师可以将故事改编成剧本,让幼儿表演故事。鼓励幼儿发挥想象力,加入自己的语言以丰富故事情节,让整个故事更加完整,更加生动。

【案例来源】李香娥,李宪勇. 学前儿童语言教育[M]. 沈阳:辽宁大学出版

社,2013.

1. 试述学前儿童文学活动中作品的选择原则。
2. 简述学前儿童文学活动各年龄段的语言教育目标。
3. 简述学前儿童文学活动设计与组织的基本结构。

第八章 学前儿童早期阅读活动

1. 了解学前儿童早期阅读活动的特征。
2. 掌握学前儿童早期阅读活动的类型。
3. 熟悉学前儿童早期阅读活动的目标。
4. 掌握学前儿童早期阅读活动的设计与实施原则。

随着年龄的增长,幼儿在色彩感知、事物辨认、语言能力上有了长足的进步,他们对图书的兴趣也随之增长。在幼儿园里,我们经常会看到孩子们或三五成群或独坐一隅,津津有味地阅读图书。近些年来,我国学前教育界开始越发关注学前儿童早期阅读活动,这种有计划、有目的地培养学前儿童学习书面语言的教学活动已逐渐成为学前儿童语言教学活动中的常规性内容。

第一节 早期阅读活动概述

一、早期阅读活动的概念

近些年来,"早期阅读"逐渐成为我国学前教育界备受关注的教育话题。在《纲要》和《3—6岁儿童学习与发展指南》颁布之后,学前教育工作者们开展了大量早期阅读活动的相关研究。然而,很多所谓的早期阅读活动却和早期识字

挂钩,把阅读活动变成了枯燥的识字训练,也有人把阅读活动等同于文字内容的朗读,更有人认为早期阅读和成人阅读的区别只在于阅读主体的不同。到底应该如何正确认识早期阅读活动?我们认为,学前儿童早期阅读活动是学前儿童运用看、听、说等形式,通过色彩、图像、文字来理解读物的过程。

正确认识学前儿童早期阅读活动的概念,必须首先明确以下两个问题。

第一,早期阅读不同于早期识字。

《3—6岁儿童学习与发展指南》中指出:"应在生活情境和阅读活动中引导幼儿自然而然地产生对文字的兴趣,用机械记忆和强化训练的方式让幼儿过早识字不符合其学习特点。"如果一味地强调识字,势必会忽略对幼儿其他方面语言能力的培养,比如会弱化幼儿的口语学习,这最终会影响他们真正阅读能力的形成。如果将幼儿阅读等同于识字教育,消极的学习体验将最终降低幼儿的阅读兴趣。因此,我们应正确看待识字和阅读的关系,让幼儿在阅读的过程中自然而然地识字,并注重培养他们阅读的兴趣和习惯。

第二,早期阅读不同于成人阅读。

首先,成人阅读的材料主要是文字,而对于幼儿来说,除文字外,图画、色彩等都是他们的阅读材料。其次,成人阅读主要依靠视觉,而对于幼儿来说,他们阅读的形式更加多元化。凡是有助于幼儿学习阅读的行为,我们都可以称之为阅读。这种阅读不仅仅是视觉的,也可以是听觉的、口语的,甚至是触觉的。本章主要研究的是基于书面语言的早期阅读活动。

二、早期阅读活动的内容与基本特征

(一)早期阅读活动的主要内容

早期阅读活动主要为学前儿童提供前图书阅读经验、前识字经验和前书写经验。所谓"前经验",是指这些经验不同于正式、大量而系统的书面语言学习经验。

1. 前图书阅读经验

学前阶段儿童阅读的图书,是由文字和图画两种符号系统构成的。图书是书面语言的载体。与成人阅读材料不同的是,学前儿童的图书一般都具有图文并茂的特点。学前儿童通过阅读他们感兴趣的丰富多彩的图画书来提高自己的阅读能力。

前图书阅读经验是要帮助学前儿童积累和阅读有关的行为经验,培养学前儿童的阅读能力。这些经验可以具体分为以下几种。

(1)翻阅图书的经验。有些幼儿最初不会用手指夹住纸张翻页,不理解页码的作用,不懂阅读的顺序。显然,这样的幼儿无法顺利地完成阅读活动。因此,在开展阅读活动前,应首先使幼儿掌握这些基本的阅读技能。

(2)读懂图书内容的经验。会看画面,能从中发现人物表情、动作的变化,并将之串联起来理解故事情节。

(3)理解图书画面、文字与口语对应关系的经验。使幼儿学会用口语讲出画面的内容,或能听懂老师念出来的文字内容。

(4)图书创作的经验。知道图书上所说的故事是作家用文字写出来、画家用图画表现出来,最后印刷装订成图书的。幼儿也可以自己尝试做小作家、小画家,把自己想说的故事一页一页画出来,再订成一本书。

2. 前识字经验

图画书是图画与文字的结合,学前儿童可以在鲜明的色彩和生动的形象中感知文字,获得前识字经验。前识字经验并不是要求学前儿童集中、快速、大量地识字,而是重在帮助他们提高对文字的敏感程度。

学前儿童早期阅读活动的前识字经验包括以下几方面具体内容:

(1)知道文字有具体的意义,可以念出声来;能够把文字、口语与概念对应起来。例如:认识"苹果"这两个字,知道苹果是一种水果;看到"飞机"这两个字,知道读作"fēijī",并知道什么是飞机。

(2)理解文字的功能。幼儿口头语言发展得较早,书面语言发展得较晚。有时,尽管他们会写一些字,但认识不到书面语言的功能。比如,可以将想说的话用文字写成信,对远在千里之外的亲友表达思念,对方在接到信后,可以将信上的文字符号转换成口头语言,就能明白写信人的具体意思了。

(3)理解文字的起源。初步了解文字是怎样产生的,文字是如何演变成今天的样子的,激发幼儿学习文字的兴趣与好奇心。

(4)知道文字符号能够与其他符号系统互相转换。例如,认识各种交通与公共场合的安全标志,知道这些图形标志代表一定的意思并可以用语言文字来表示。

(5)知道文字和语言的多样性。能够认识到世界上有各种各样的语言和文字,同样一句话可以用不同的语言文字来表达,不同的语言文字又可以互相翻译。

(6)了解识字规律。明白文字有一定的构成规律,掌握这些规律,就可以更好地识字。例如:汉字中有"口"字旁的字大多和"口"有关系,如吃、吹、吸、喝、唱等;"木"字旁的字大多与"木"有关,如森、林、树等。

3. 前书写经验

幼儿在正式学习书写之前需要具备一定的前书写经验。随着年龄的增长,学前儿童在早期阅读活动中逐渐产生了读写的兴趣和能力,逐步具备了接受书写教育的基础。尽管学前阶段不要求幼儿学习写字,但是通过游戏化的前书写活动帮助他们获得一些有关汉字构成及书写方面的经验仍是非常必要的。这里的"写"不是指写字或者写作,而是指有关写字方面的各种前期准备,如空间直觉、方位直觉、字形辨别、书写姿势的培养等。前书写经验的学习内容主要包括:

(1)认识汉字的独特书写风格。例如,能将汉字的书写风格与其他文字的书写风格相区别。

(2)知道汉字的基本结构。例如,知道汉字可以分成上下结构、左右结构等。

(3)了解汉字书写的基本规则。学习按照规则写字,尝试用有趣的方式练习基本的笔画。

(4)知道书写汉字的工具,了解使用铅笔、钢笔、圆珠笔、毛笔的不同要求。

(5)学会用正确的书写姿势写字。掌握正确的坐姿、握笔姿势等。

(二)早期阅读活动的基本特征

1. 早期阅读活动需要在一定的阅读环境中进行

早期阅读活动的环境主要包括物质环境和精神环境两个方面。

首先,教师和家长要为幼儿创设舒适的阅读环境,使幼儿在良好的物质条件基础上丰富书面语言知识。学前儿童的早期阅读经验需要在大量的日常阅读中获得和巩固。这种经验的积累,不可能仅仅依靠一两本书、几次专门性的阅读活动就能完成。因此,除了有计划的阅读活动以外,教师和家长还要在日常生活中保证幼儿有一定的阅读时间,这种时间应当是随机的、不固定的。同时,还要为幼儿提供内容丰富的书籍和舒适的阅读场所,如幼儿园的语言角和阅读区,这些含有丰富阅读信息的区域,有利于激发幼儿的阅读兴趣。

其次,愉快的情绪有助于幼儿全身心地投入到阅读活动中,有助于他们在阅读的过程中收获无穷的乐趣。因此,教师和家长要为幼儿创设较为宽松和自由的阅读氛围,使幼儿既可以自己阅读,也可以和同伴一起阅读。这种宽松自由的氛围有助于幼儿全神贯注地投入到阅读活动中去。同时,教师和家长也要为幼儿做好阅读的榜样,和幼儿一起读书,给幼儿讲解、复述图书内容,使幼儿在潜移默化中养成良好的阅读习惯。

2. 早期阅读活动具有整合性特点

学前儿童早期阅读活动是一种整合性教育,应与其他语言教育活动及其他领域的教育活动紧密结合起来。早期阅读活动的整合性具体表现在:阅读活动与美工活动相结合,阅读活动与家庭教育相结合,阅读活动将书面语言和口头语言相结合,等等。尤其是书面语言与口头语言的结合,会使幼儿在发展语言表达能力的同时,也识得一些文字,了解书面语言的基本知识。但需要明确的是:学前儿童早期阅读活动重在培养幼儿良好的阅读习惯、正确的阅读方法,绝不能将其变成识字教学课。

三、早期阅读活动的价值

早期阅读活动能通过大量图文并茂的阅读材料,帮助幼儿实现从口头语言向书面语言的过渡,对幼儿的思维、语言、想象力、个性、习惯等方面进行综合培养,体现了全面教育的理念。《纲要》将早期阅读纳入语言教育的目标体系,明确提出:"培养幼儿对生活中常见的简单标记和文字符号的兴趣。利用图书、绘画和其他多种方式,引发幼儿对书籍、阅读和书写的兴趣,培养前阅读和前书写技能。"这反映出,早期阅读不仅要提高幼儿的认知能力,还要对幼儿的语言能力、想象力、注意力、逻辑思维能力等方面进行培养,以塑造幼儿健全的人格。学前儿童早期阅读活动的价值包括以下几个方面。

(一)早期阅读能够促进幼儿脑神经的发育

0—6岁是人的一生中大脑生长发育最迅速的时期。在这一时期,每当幼儿对某一刺激有所反应时,其大脑就会将此经验存储下来。反之,若是大脑缺少刺激,幼儿在阅读方面的学习就无法得到发展。这也是研究早期阅读的专家极力倡导幼儿早期阅读的主要原因。如果错失了良机,想长大后再去补偿,必定只能是事倍功半。

从大脑的左右半球分工来看,大脑的左半球主要负责阅读纯文字的内容,而图画、图案则由右半球负责处理。幼儿所阅读的图画书,多是以图片为主,再配有少量的文字。因此,幼儿在阅读活动中,其大脑的左右半球同时接受刺激。总而言之,早期阅读给幼儿展现了图文并茂的视觉材料,为幼儿提供了积极的视觉刺激,加快了其大脑神经组织的发育,能够促进幼儿思维的发展。

(二)早期阅读能够促进幼儿认知能力的发展

首先,早期阅读能够帮助幼儿培养阅读兴趣和良好的阅读习惯。阅读能力并不是与生俱来的,它需要后天的培养。学前期是人的基础阅读能力形成的关键期,早期阅读材料中那些生动、鲜明、直观、具体的形象和丰富有趣的内容能够激发幼儿的阅读兴趣,促使幼儿形成自主阅读的意识和基本的阅读能力。

其次,早期阅读能够促进幼儿语言能力的发展,拓宽他们的知识面。早期阅读材料中丰富的词汇,可帮助幼儿形成良好的听说习惯,促使他们运用恰当的语言进行交流。早期阅读材料中还包含历史、文学、数理逻辑等多方面的知识,能够拓宽幼儿的知识面,促进其多元智能的发展。

(三)早期阅读能够促进幼儿良好个性的发展

首先,优秀的阅读材料中蕴含了丰富的人文情感。幼儿生性好奇、爱幻想,很容易对作品的主人公产生同情、怜悯或痛恨等情感,幼儿因此获得了间接的情感经历,有助于他们明确是非观念,养成良好的道德品质。

其次,快乐的阅读过程能给幼儿带来积极的情感体验。幼儿自主阅读的过程,能够让其体验到阅读的成就感。而成人陪伴下的阅读过程能够让幼儿感受到被关注、重视、接纳和了解,这对幼儿情感的稳定发展具有重要意义。例如,在亲子阅读的过程中,在父母与孩子一同阅读的情况下,在和谐的亲子氛围里,幼儿会产生愉快的情绪体验。同时，父母幽默的语言和生动的表述也会在潜移默化中影响着幼儿，使其终身受益。

第二节　早期阅读活动的基本类型

早期阅读活动多种多样，根据不同的分类标准可以将其分为不同的类型。教师应根据幼儿的具体情况，为他们选择合适的早期阅读活动。

一、幼儿园早期阅读与家庭早期阅读

根据阅读所处空间的不同，可以将早期阅读活动分为幼儿园早期阅读与家庭早期阅读。

（一）幼儿园早期阅读

1. 有计划的集体早期阅读活动

一般情况下，在幼儿园里，有计划的集体早期阅读活动分为两种，一种是分组阅读活动，另一种是分层次阅读活动。其中，又以分组阅读活动最为常见。

分组阅读，也就是教师将幼儿分成不同的组，各组做不同的事情。幼儿既可以和教师一起阅读，也可以帮助教师完成与本次活动内容相关的操作活动。比如，在"小兔子逃跑了"这个主题阅读活动中，教师将幼儿分为两组，其中一组幼儿与教师一起阅读材料内容，另一组幼儿学画图书中的人物形象。分组活动可以给每个幼儿积极表现自我的机会，同时也能够激发幼儿参与活动的兴趣。

对教师来说，分组阅读有利于他们观察和指导幼儿的行为，及时、有针对性地帮助幼儿。在分组阅读活动中，教师应该注意以下几个方面：

首先，提供适宜的阅读材料。教师应该为幼儿提供符合其心理发展水平和特点的图画书。幼儿的思维发展是一个从具体到抽象的过程。他们在理解事物时，往往是从事物的表象出发的，随着年龄的增长逐渐开始摆脱具体的形象。根据儿童心理学家皮亚杰对幼儿思维发展阶段的年龄划分，0—6岁幼儿的思维发展水平仍然处于具体形象思维阶段。因此，幼儿在阅读过程中，最先关注的

是图像,尤其是 2 岁以后的学龄前幼儿。4 岁之后,幼儿对文字的兴趣逐渐提高,直到小学阶段,他们才做好准备,可以集中认识文字。对于幼儿来说,阅读不等同于认字,他们的阅读主要是读那些色彩丰富的图像,在读图的过程中,逐渐理解语言内容。也就是说,幼儿逐渐对文字感兴趣的过程其实就是其在不断与书的接触中培养文字意识的过程。有些孩子被送去识字班,有时候表面上看是学习了一些识字卡片,认识了上百个字,但是一旦让这些幼儿去阅读图画书时,一些孩子的注意力全放在文字上,根本不看图画。光顾着认字,却读不懂图画的意思,这样培养出来的孩子只会认字,却不会阅读。幼儿的阅读实际上应该是一个从图像到文字的发展过程,幼儿最主要的阅读材料应该是符合其阅读特点和满足其阅读需要的图文并茂的图画书。

其次,教师要细心地观察,有效地给予指导。在分组活动中,幼儿分别进行着不同的活动,这就需要教师细心地观察幼儿的行为表现,及时有效地给予他们指导。

再次,教师在阅读区投放阅读材料时,要保证种类多样、数量充足,满足不同发展水平幼儿的需要。

最后,阅读材料的投放时间要恰当。

2. 阅读区的自由阅读活动

阅读区是幼儿园区角活动中非常重要的一个区域,对幼儿阅读水平和阅读技能的提高起着非常重要的作用。在阅读区中,幼儿可以自由地选择自己喜欢的阅读材料,这样不仅可以激发幼儿的阅读兴趣,而且还能够提高幼儿阅读的积极性。幼儿可以与小伙伴共同阅读一本图画书,一边阅读一边交流情感,这对幼儿形成良好的同伴关系有着十分积极的意义。幼儿在阅读区的自由阅读活动,可以帮助他们熟悉图画书中的人物形象和故事情节,为有计划的集体阅读活动做好准备。因此,教师要重视阅读区的创设,加强对阅读材料的管理。具体来说,可以从以下几个方面入手。

第一,投放合适的阅读材料以满足幼儿的阅读需求。

教师要做到这一点就需要注意两个方面。首先,根据幼儿的年龄特点,投放的阅读材料的数量和种类要有所差别。根据小班幼儿年龄较小、注意力还不够集中、好模仿等特点,教师在投放图书时要注意种类不要太多,同一内容的图书可以多准备一些。这样,不同幼儿在选择图书时就不会发生争抢图书的现象,另外,也可以满足幼儿之间谈论同一本书的愿望,增加幼儿之间的交流机会。而中大班幼儿年龄较大,在认知等各方面的能力较强。因此,教师在投放图书的时候要注意种类的多样性,经常更新图书的种类,还可以适当增加有较多文字和带有拼音的图书,这样更有利于幼儿根据自己的兴趣和经验选择喜欢的图书。其次,根据幼儿已有的经验,为他们选择合适的阅读内容。图书内容又有两种基本形式,包括以看为主的图书和以欣赏为主的图书。应为小班幼儿选择情节较为简单、色彩鲜艳、人物形象生动有趣的单页单幅图书,内容以动物故事、与幼儿生活贴近的生活故事为主,比如《小猫睡觉》《宝宝学》等。应为中班和大班幼儿选择情节紧张刺激、人物形象鲜明、需要发挥想象力的内容,如《小猫吃鱼》《小朋友笑》等。

第二,教师要在阅读区发挥重要的指导作用。

教师在指导幼儿的阅读活动时,要注意以下几个方面。首先,细心观察,建立阅读情况记录表。教师在创设阅读区的时候,应为每个幼儿设置一个阅读情况记录表,以便对每个幼儿的阅读情况进行及时记录,建立阅读档案。在了解幼儿阅读情况的基础上,教师才能为幼儿选择合适的阅读材料,才能有针对性地指导幼儿的活动。其次,耐心倾听,与幼儿共同享受阅读的乐趣。在阅读区中,幼儿的阅读是自由的,可以独自阅读,也可以与同伴和教师共同阅读,分享阅读的乐趣。因此,如果教师遇到喜欢一起阅读、一起分享的幼儿,一定要保持良好的心态,学会耐心地倾听,与幼儿进行交流,分享他们阅读中的乐趣。这样更有利于提高幼儿阅读的积极性,激发他们阅读的兴趣。再次,设置规则,顺利开展阅读活动。没有规矩则不成方圆,合理的规则有利于幼儿形成良好的阅读习惯和阅读态度。幼儿在阅读区中的自由是相对的,教师必须制定合理的阅读制度。只有这样,才能让幼儿在阅读区的自由阅读活动有序地进行。最后,启发思考,提高图书利用率。为了更加有效地促进幼儿阅读技能的提高,提高阅读材料的利用率,教师要不断地提醒幼儿阅读时应该注意的事项,如取放图书要轻拿轻放,阅读完放回原来的位置等,引导幼儿遵守秩序。同时,教师还可以通过提问或总结等方式,设置问题情境,让幼儿一边阅读一边思考,寻找问题的答案,真正地从阅读中得到发展。

(二)家庭早期阅读

早期阅读活动除了幼儿园阅读之外,亲子阅读也是非常重要的组成部分,是幼儿成长过程中不可忽视的一个环节。它是一种幼儿与家长在轻松愉快的家庭氛围中,以学习为主要目的的增进亲子情感的活动。家庭早期阅读活动离不开家长在物质和精神方面对幼儿的支持与帮助。适宜的阅读材料以及正确的阅读指导,对培养幼儿良好的阅读习惯,开阔幼儿的阅读视野具有非常重要的意义。

幼儿的发展首先是受到家长的影响。从孩子出生的那一刻起,家长就无时无刻不在影响着他们。不管是没有进入幼儿园接受教育的婴儿,还是已经进入幼儿园接受了早期阅读教育的幼儿,家长对孩子阅读习惯及阅读技能的培养,都起着重要作用。家长与孩子一起阅读的过程是一个让孩子充分感受爱、享受爱的过程,阅读活动也成为家长与孩子交流情感、增进亲密度的一种重要方式。家庭早期阅读可以让幼儿在感受到快乐的同时,培养其良好的阅读习惯,使其积累阅读经验,掌握阅读技能。

二、幼儿自由阅读和师生共读

根据阅读组织形式的不同,可以将早期阅读活动分为幼儿自由阅读和师生共读。

(一)幼儿自由阅读活动

在早期阅读活动中,教师在简单介绍图书的封面内容和名称后,就可以让幼儿自己翻看图书,自由阅读。幼儿可以自由选择学习内容,观察自己的认识对象,获得有关的信息。他们可以边看边小声讲述,也可以看完再讲述。在幼儿自由阅读时,教师应在旁给予适当的指导,比如提出一些具有启发性的问题,引导幼儿带着问题边思考边阅读,帮助他们理解图书内容中的重点和难点问题。教师还要注意观察每个幼儿的表现,对他们进行有针对性的指导,如:对读得快的幼儿,要鼓励他们多关注图书的细节部分;对读得慢的幼儿,要分析他们读得慢的原因,了解其所读图书的难度是否合适,考虑如何调整以使幼儿顺利进入后续的学习活动。

(二)师生共读活动

师生共读是教师与幼儿共同参与的阅读活动,是在幼儿自己观察、认识、接触书面语言的基础上,由教师带领幼儿进一步学习这些书面语言相关知识的活动。在这一活动中,教师的任务不是教会幼儿什么,而是与幼儿共同阅读,在共读的过程中对幼儿进行必要的指导。

三、专门的阅读活动和以阅读为主的综合活动

根据阅读指导方式的不同,可以将早期阅读活动分为专门的阅读活动和以阅读为主的综合活动。

(一)专门的阅读活动

专门的阅读活动即有目的、有计划地安排的早期阅读活动。这种活动可以使幼儿形成积极的阅读态度,养成良好的阅读习惯,获得阅读的基本技能。根据阅读材料的不同,又可以细分为如下四种类型。

1. 大图书阅读

大图书是指将标准图书按一定的比例放大,制作成大尺寸的图书,以便全班或小组幼儿有机会一起阅读书上的图画与文字,它可以弥补标准尺寸的图书只能供几个幼儿一起阅读的不足。大图书阅读是指教师根据幼儿的年龄特点、阅读教育的目标和内容自制大型图画故事书,并利用这种故事书帮助幼儿掌握按顺序观察画面,将前后画面联系起来的阅读方法。

2. 小图书阅读

小图书阅读是指同一内容的图书人手一册,幼儿进行独立阅读,教师指导幼儿逐步学会翻书的方法,使幼儿在翻看图书的过程中自己感受、体会,获得阅读经验。

3. 听赏活动

听赏活动是指以听赏图画故事或其他文学作品为主要内容的活动,旨在让幼儿重复地倾听教师的讲述,不断体会与品位,逐渐养成良好的倾听习惯,增强阅读兴趣。

4. 排图活动

教师为每个幼儿提供一套打乱顺序的图片,幼儿在看懂图意的基础上,根据故事的内在逻辑将图片按顺序排列,并陈述排列的理由。

(二)以阅读为主的综合活动

除了教师组织的专门的阅读活动,早期阅读活动还可以和其他领域的活动,比如音乐、表演等活动结合起来,多种活动相互融合、相互渗透,使早期阅读活动更灵活,更具有教育意义。

1. 自编故事、为诗配画的活动

在教师的指导下,幼儿运用已有的阅读经验和绘画技能,将自编的故事、诗歌配上相应的画面。这种阅读活动可以培养幼儿将语言符号转化为画面的能力,还可以发展幼儿的思维能力。

2. 听音乐编故事

听音乐编故事是阅读经验与音乐感受相结合的综合活动。幼儿通过感受、理解音乐,将其转化成语言符号,进行故事讲述。

3. 结合阅读内容进行表演

在幼儿阅读完一篇故事或一首儿歌后,教师可以指导他们分角色表演,以增强他们的阅读兴趣,加深对故事、儿歌等作品的理解。

第三节 早期阅读活动的语言教育要求

一、早期阅读活动的教育目标

(一)提高幼儿学习书面语言的兴趣

早期阅读的内容以书面语言为主,幼儿通过阅读早期阅读材料,不断接触图画、文字,进而对书面语言产生浓厚的兴趣。全面发展的教育观要求教师不仅要关注幼儿语言能力的发展,还要注重培养幼儿的阅读兴趣和良好的阅读习惯。

1. 培养幼儿热爱书籍,喜爱阅读图书的情感

幼儿喜欢探索新鲜事物,并且充满好奇心,尤其对色彩鲜艳、形象突出的画面感兴趣。因此在教育活动过程中,教师要抓住幼儿的思维发展特点,先培养幼儿对书面语言的兴趣,让幼儿产生阅读的愿望,进而主动地接受书面语言的教育,帮助幼儿培养积极的阅读态度。

2. 培养幼儿对各种符号的好奇心和探索欲

符号的种类有很多,有文字符号、图画符号,以及生活中的各种标志符号。幼儿想要理解既复杂又含义丰富的文字符号,相对来讲,并不容易。如果不注意激发幼儿对各种符号的兴趣和敏感性,久而久之,幼儿就会在阅读中形成读而不解的态度,甚至产生厌烦情绪。培养幼儿对各种符号的好奇心和探索欲是幼儿园早期阅读活动的目标之一。教师在组织早期阅读活动时应首先有意识地培养幼儿对文字的兴趣和探索欲望,帮助他们养成喜欢学习文字的态度。

3. 培养幼儿仔细阅读的习惯

如果幼儿在自主阅读中没有建立起积极的阅读态度,就容易出现阅读过快,读完之后无法说出所读内容的情况。因此,学前儿童早期阅读活动的目标之一就是培养幼儿仔细阅读的习惯。教师要尊重幼儿的兴趣,遵循循序渐进的原则,从图画、标志入手,逐渐过渡到文字符号的阅读,帮助幼儿在阅读的过程中保持注意力。

(二)帮助幼儿初步认识书面语言和口头语言的对应关系

书面语言和口头语言是两种语言符号类型,二者之间存在着对应关系。帮助幼儿初步感知、认识书面语言,理解书面语言和口头语言的对应关系是早期阅读活动的目标之一。首先,要让幼儿知道书面语言与口头语言都可以用来表达思想,口头语言是直接说出来的,而书面语言是用文字表现出来的。其次,要帮助幼儿理解书面语言和口头语言一样,都可以储存信息,但书面语言用文字的形式记录储存,具有可视的特点。最后,要帮助幼儿懂得书面语言和口头语言一样,都是人们交际的工具,只是形式有所不同。而且,书面语言可以弥补口头语言受空间和时间条件限制的不足。

(三)帮助幼儿掌握早期阅读的技能

1. 观察模拟的能力

观察模拟的能力是学习书面语言的基本技能,是指幼儿通过观察,了解书面语言与其他语言呈现方式的差异,了解母语文字的特征、相互之间语义的异同,并且能够进行模仿的一种能力。

2. 预期的能力

预期的能力是指幼儿能够预计、估测阅读内容的一种能力。例如,幼儿在阅读图画书时,看到故事的开头,能够预测故事的发展或者结局。培养幼儿阅读的预期能力,必须通过大量的阅读实践活动,在幼儿有较多的同类阅读经验的基础上,给予其点拨指导,帮助其归纳概括出一定的阅读规律。

3. 自我调适的能力

自我调适的能力对幼儿学习掌握书面语言十分重要,它是指幼儿敏锐地发现错误并及时进行自我纠正的能力。这种能力不借助外部帮助,而是一种自省领悟的能力。

二、早期阅读活动的年龄阶段目标

学前儿童早期阅读活动的总目标需要落实在不同年龄段的幼儿身上,总目标中的内容在不同年龄的幼儿身上有不同的体现,具体见表8-1。

表8-1　学前儿童早期阅读活动的年龄阶段目标

	小班(3—4岁)目标具体内容	中班(4—5岁)目标具体内容	大班(5—6岁)目标具体内容
知识、技能与方法	1.知道看书的基本方法,能初步看懂单幅儿童图画书的主要内容 2.能用口头语言将儿童图画书的主要内容说出来,开始感受语言和其他符号的转换关系 3.能在成人的启发下认读最简单的文字 4.在活动中以描画图形的方式练习汉字的基本笔画	1.能仔细观察图画书中的画面,能看懂单页多幅的儿童图画书的内容,增强预知故事情节发展和结局的能力 2.知道图书的构成,有兴趣模仿制作图画书 3.在阅读过程中初步了解汉字的由来和简单的汉字认读规律 4.尝试用有趣的方式练习汉字的基本笔画	1.能与同伴合作制作图画书,进一步了解图画书的构成 2.知道图画与文字的对应关系 3.学会正确的书写姿势,在有趣的描图练习中做好写字的准备
情感与态度	1.喜欢看书 2.对文字感兴趣	1.懂得爱护图书 2.有主动探索汉字的愿望 3.喜欢描画图形	1.开始有兴趣阅读图书中的简单文字 2.积极学认常见的汉字,并能注意在生活中学习和运用书面语言

第四节 早期阅读活动的设计与组织

一、早期阅读活动材料的选择

早期阅读活动需要阅读材料,为幼儿选择适合其年龄特征和接受水平的阅读材料,是有效开展学前儿童早期阅读活动的前提,也是实现学前儿童早期阅读活动教育价值的重要环节。在当前的图书市场中,儿童图书品类繁多,内容丰富多样。但并不是所有的儿童图书都适合所有幼儿阅读,也不是所有的儿童图书都能符合学前儿童早期阅读活动的需要。因此,教师对用于早期阅读活动的材料进行合理的选择,显得十分重要。

(一)早期阅读材料的选择标准

1. 主题鲜明,健康向上

早期阅读活动的材料应当有鲜明的主题,积极向上,宣扬真、善、美,鞭挞假、恶、丑,能促进幼儿良好态度的形成,培养幼儿独立、合作、专注、乐于助人等优良品质。严禁选用包含暴力、色情等不良内容的阅读材料。此外,阅读材料的印刷、装帧质量也必须符合标准,应确保阅读材料对幼儿的身体健康不会造成伤害,如书页的边角不会划伤幼儿等。

2. 题材广泛,丰富多样

供幼儿早期阅读的材料不仅限于图画书,幼儿生活中的许多事物都可以成为早期阅读的有效材料。如日常生活中随处可见的各种户外广告、物品包装盒、电影宣传册等都可以成为供幼儿阅读的材料。

3. 图文并茂,富有童趣

供幼儿阅读的材料应以图为主或图文并茂,图书的色彩鲜艳和谐,画面生动活泼,背景不过分复杂,给幼儿以赏心悦目的享受;情节生动有趣、高潮迭起,但不过于复杂;内容科学客观,体现人文情怀和趣味性,充满温暖和谐的情感和浪漫幽默的情调,给幼儿以美的熏陶和享受。

(二)各年龄班图书的选择标准

幼儿之间存在着一定的个体差异,教师在选择供幼儿阅读的材料时,一定要保证所选图书符合幼儿的年龄特点,且图书内容在幼儿的经验范围之内。总体来说,要遵循难度适宜和循序渐进的原则。此外,根据不同年龄幼儿注意力集中时间的长短,一般而言,集体教学活动的时长分别是:小班15—20分钟,中班20—25分钟,大班25—30分钟。因此,在开展集体阅读活动时,教师应针对不同年龄班的幼儿,选择不同的阅读材料,详见表8-2。

表8-2 各年龄班图书的选择标准

	图书的选择标准
小班 (活动时间15—20分钟)	1. 以主题背景简单的单页单幅图书为主,页数以6—8页为宜 2. 生动有趣的动物故事、家庭故事,以及各种与小班幼儿生活经验相符的图书 3. 故事情节简单,画面色彩鲜艳,人物形象逼真、动作突出,配有短句或简单词汇
中班 (活动时间20—25分钟)	1. 以单页单幅图书为主,页数可增至10页 2. 故事情节较为复杂,画面之间关联明显。可以是情感内涵丰富,富有启发性的故事;也可以是情节紧张刺激,具有较丰富动作性的动物故事;也可以是充满悬念,能充分发挥幼儿想象力的内容
大班 (活动时间25—30分钟)	1. 以单页多幅图书为主,页数可适当增加,但不宜超过20页 2. 情节较复杂的图书 3. 以欣赏为主的文字较多的童话故事或名篇名著 4. 常用字、独体字较多的单页单幅图书

二、早期阅读活动的设计与指导

(一)早期阅读活动的基本环节

1. 阅读前的准备活动

对幼儿来说,理解一本书不是单靠一次活动就能完成的。因此,在早期阅读活动开展前的一两周,有必要让幼儿先读一两遍书,为正式阅读活动的开展打好基础。

这一阶段,教师在指导时应注意:

(1)阅读前的准备性活动只是为正式阅读做好铺垫,它并不能代替正式的阅读活动。因此,只要求幼儿对阅读内容有一个大概的了解即可,绝对不要让他们对图书的内容过于熟悉,否则他们在正式阅读时就会失去对图书的兴趣,影响正式阅读活动的质量。

(2)准备活动中可以让幼儿从头到尾翻看图书一两遍,或让他们边看边讲述图书的内容。教师的关注重点是幼儿的阅读方法是否正确,阅读习惯是否良好,而对他们阅读理解的准确性则不必过多干预,要让他们充分地按照自己的理解将图书内容讲述出来。

(3)对幼儿理解困难的地方,教师可给予适当的提示,如:"小兔子正在招手,它为什么要招手呢?"提示后,教师不要将正确的答案直接告诉他们,而要给他们思考的机会,并将他们共同的无法理解的部分记录下来,作为正式活动时的重点、难点问题加以解决。这样,既让幼儿拥有了重复思考同一个问题的机会,又保证了教师能准确地针对本班幼儿的特点,把握阅读活动的重点所在。

2. 幼儿的自主阅读

这是正式阅读活动的第一个阶段,也是阅读活动的重点环节,它是在教师提出阅读要求后,幼儿自己阅读,教师在旁观察了解,进行个别指导的环节。教师在简单地介绍图书的名称及封面内容后,就要提供机会让幼儿自主阅读。幼儿的自主阅读以个人独自阅读为主。在他们自主阅读的过程中,应保持环境安静。教师以全面观察为主,着重了解幼儿在阅读中的具体表现,一般不随意干预他们的自主阅读或介入到他们的阅读当中,要充分尊重幼儿个体的阅读需要和阅读节奏。

教师在指导这个环节的活动时应注意:

(1)可以借助提问引导幼儿的阅读思路。

(2)教师在巡回指导时,要注意观察每个幼儿的表现。对那些阅读速度很快的幼儿,要鼓励他们再读一遍,要求他们反复阅读图书中的细节部分,深入了解故事情节的发展线索,更好地理解图书内容,或鼓励他们边阅读边讲述。而对那些阅读速度较慢的幼儿,教师则要重点观察,了解他们在阅读中遇到了哪些困难,是在哪些画面、哪些环节上出现了问题,从而给予他们有针对性的指导。

3. 师生共同阅读

这是早期阅读活动中最能体现教师指导作用的环节,可以分为以下几个步骤:

(1)师生一起阅读,理解图书的大致内容。教师可以用提问的方法帮助幼儿理解图书,问题不要太多,3—4个即可,但问题涵盖的画面要多,即幼儿必须在理解1—2个画面的基础上才能回答出这些问题。这样就能有效地将阅读图书与看图讲述区分开,避免反复咀嚼一个画面的单调做法,使活动的形式更活泼,活动的过程更流畅。

(2)围绕重点、难点开展阅读活动。每个阅读活动都有其自身的重点、难点问题。对此,教师要做到心中有数,组织阅读活动时要注意突出重点,突破难点。由于图书具有前后联系和连续性强的特点,倘若一个重点或难点画面没有得到正确的理解,往往就会影响到后面的阅读,甚至会影响幼儿对整本图书主要内容的把握,对小班和中班前期的幼儿尤是如此。因此,教师一定要在前面几个阶段观察了解幼儿实际困难的基础上,结合图书的主要难点对他们进行必要的指导,使他们能将图书的细节与内容相结合,从而深入地理解图书的主要内容,并体会书中人物的内心感受。

(3)归纳图书的主要内容。当幼儿对图书的主要内容有了深入的理解后,教师要鼓励他们将图书的主要内容用自己的语言总结归纳出来,从而巩固、消化所学的内容。归纳图书内容,可以有以下三种形式:

一是"一段话归纳法"。这种形式要求幼儿用一段话将图书的主要内容讲述出来。

二是"一句话归纳法"。这种形式要求幼儿用一句话将图书的主要内容总结出来。比如,大班阅读活动"小黄狗上公园",幼儿可以这样总结图书内容:"这本书讲的是一只小黄狗和他的朋友们去公园玩时,爱护环境卫生,不随地大小便的故事。"

三是"图书命名法"。这种形式要求幼儿用简单的词或短句给图书命名,也就是让幼儿归纳图书的主题。例如,在给图书《小鸭和小鸡》起名字时,有的幼儿想出了"两个好朋友"的名字,有的幼儿想出了"互相帮助"等名字。

以上三种归纳图书主要内容的形式难度不同,因此适合于不同年龄段的幼儿。"一句话归纳法"和"图书命名法"对幼儿的要求比较高,幼儿要在理解图书内容的基础上,用简短的语句准确地概括图书的主要内容。"图书命名法"还要求幼儿具有丰富的想象力和一定的创造性思维能力。因此,这两种方法一般适合在中班后期及大班使用。

4. 幼儿讲述图书内容

早期阅读活动中一个不可缺少的环节就是要求幼儿用口头语言讲述图书的主要内容,常见的讲述形式有小组讲述、集体讲述和同伴间合作讲述。这个环节是幼儿将图画符号转换为语言符号的阶段。

教师在指导这个环节时应注意以下几点:

(1)既要引导幼儿围绕图书的重点内容,尽可能生动详细地讲述主要情节,又要鼓励他们大胆想象,将与情节有关的人物,人物的动作、对话和内心体验等都讲述出来。

(2)要关注幼儿的个体差异。幼儿的语言能力强弱不等,语言表达水平参差不齐,教师一定要对他们进行有针对性的指导。如让语言能力较弱的幼儿选择较简单的阅读内容进行讲述,从而使这部分幼儿也能从讲述中获取乐趣、提高自信。

(二)早期阅读活动的基本模式

1. 以培养前阅读经验为主的活动模式

(1)感知与欣赏模式:引发兴趣—师生共读(大图书阅读)—重点阅读主要

情节画面—归纳阅读内容和主题—幼儿自主阅读(小图书阅读)。

(2)感知与探索模式:引发兴趣—幼儿自主阅读前半部分(小图书阅读)—师生共读前半部分(大图书阅读)—幼儿预测讲述后半部分(或结尾)—幼儿画出或编出故事后半部分(或结尾)。

(3)感知—排序—讲述模式:教师讲述故事—幼儿按序排图—分析理解故事—师生共同讲述故事—幼儿互相讲述故事。

(4)排序—感知与探索模式:观察被打乱顺序的图画—师生共读每一幅图画—幼儿按自己的生活经验排图讲述—将图片装订成"书"—幼儿互相讲述,欣赏自己制作的"图书"。

这四种模式中,"感知与欣赏模式"注重在幼儿感知的基础上,引导其学会观察、欣赏和指认画面,重在培养其理解画面语言的能力,适用于小班的早期阅读活动。后三种模式则偏重于发现式的教育,让幼儿在教师的指导下观察、讨论、预测和归纳图画内容,从而培养幼儿独立思考、大胆想象、善于表达等能力,比较适合中、大班的早期阅读活动。

2. 以培养前书写经验和前识字经验为主的活动模式

(1)操作性认知模式:教师向幼儿展示符号—幼儿认识理解符号的含义—师幼共同讨论和分析符号的特征和用处—围绕摹写活动开展操作性游戏。

(2)游戏性认知模式:认识书写方位和书写材料—围绕书写材料进行游戏(如站位或"找找字的好朋友"等游戏)—根据书写材料进行方位标记练习,感受"书写"的快乐。

(3)匹配性识别模式:向幼儿展示图片和文字—幼儿猜一猜并排一排与图(文字)相对应的文字(图)—师幼共同分析文字的特点—幼儿迁移经验,寻找更多类型的字。

(4)理解性认知模式:幼儿自主阅读(小图书阅读)—师幼共同讨论图书中相应符号的意义(文字、特殊符号等)—教师讲读图书(大图书阅读),分析重点词语的意义—幼儿归纳阅读内容和主题。

以上四种活动模式重视幼儿在游戏中的操作学习,充分调动幼儿学习的主动性,适合各年龄段的幼儿。这四种模式也可以交叉运用,多层次综合。教师可充分运用集体、小组、个别指导的方式,遵循形象性、趣味性原则,对幼儿进行前书写和前识字经验的培养。

三、早期阅读活动指导中应注意的问题

(一)创设适宜的早期阅读环境

阅读环境的创设,一般包括阅读氛围的营造、图书的选择与投放等。

1. 阅读氛围的营造

幼儿的阅读需要有一定的阅读氛围,如松软舒适的小沙发、小坐垫,便于幼儿自主取放的小书柜、图书插袋,利于幼儿记录、创编的剪刀、纸、笔等辅助阅读材料,都能给幼儿的阅读带来方便,提高幼儿阅读活动的质量。

2. 图书的选择与投放

在图书的选择上,应该更多地贴近幼儿的生活经验,所选图书应以图为主或者图文并茂。情节简单、文字较少、主题突出、色彩明快的图书,比较适合幼儿自主阅读。同时,教师还要考虑不同年龄班幼儿的阅读水平,从单幅单页图书的阅读逐步向单幅多页图书的阅读过渡。图书的选择与投放,除了要考虑到幼儿的兴趣之外,还要注意符合幼儿的阅读水平和生活经验。

(二)明确早期阅读活动的价值取向

幼儿的早期阅读,不仅仅是一个获得知识的过程,更是一个亲子、师生、生生之间共同游戏的过程。在早期阅读活动中,幼儿不知不觉地接触了大量的文字,在潜移默化中识字,完全没有枯燥与乏味感。他们从被动地听故事,到逐步参与阅读活动,再到自己主动讲述故事,在这个过程中幼儿收获了很多的快乐、很大的成就感和自信心。

(三)开展多种类型的早期阅读活动

多种类型阅读活动的开展对于促进幼儿阅读能力的提高具有十分重要的作用。目前,在幼儿园开展的阅读活动的主要形式有:阅读区阅读活动、阅读室阅读活动、亲子阅读活动、集体阅读活动,以及结合阅读的小表演、小游戏等。它们在幼儿早期阅读能力的发展过程中,都有着不可替代的重要作用。因此,

教师在早期阅读活动中,要善于将多种阅读活动的形式进行有机结合,充分发挥它们在幼儿阅读能力培养过程中的不同作用,以提高幼儿阅读的质量,促进幼儿阅读水平的不断提高。近年来,学界也对学前儿童早期阅读活动进行了多角度的探讨。例如,多元阅读教育的理念,提倡在幼儿阅读能力发展的关键阶段,为他们提供一个多元阅读的环境。又如,游戏阅读教育的理念,一方面强调把阅读当作游戏,通过幼儿对游戏的热爱来激发幼儿对阅读的兴趣,让幼儿在游戏中自发地产生阅读的动机和愿望,自发地阅读并体验阅读的快乐,另一方面强调要引导幼儿在游戏中阅读。这些探讨都有利于丰富早期阅读活动的形式。

(四)注重早期阅读活动过程中教师的指导

在早期阅读活动中,教师要根据幼儿阅读的内容,为他们提供相应的问题情境、表演道具等,同时指导他们相互交流阅读经验,使他们学会表达自己的阅读感受并能合作表演阅读内容。

(五)体现早期阅读活动的整合性

语言的学习在于运用。作为交流和获取信息的工具,不论是口语还是书面语,语言在幼儿的日常生活中都是无处不在的。教师应善于把握阅读时机,在日常生活和其他领域的教育活动中,培养幼儿读图、表述及阅读文字的能力。早期的阅读活动,也离不开家长的帮助与支持。家长可在家庭中为幼儿创设良好的阅读环境,为他们选择适宜的图书,培养幼儿良好的阅读习惯。父母为孩子进行阅读指导或与其亲子共读,这对增进家庭情感、开阔幼儿视野、培养幼儿良好的学习习惯,具有重要意义。

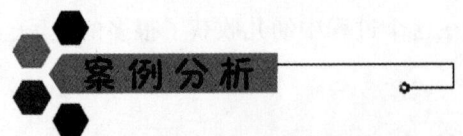

早期阅读活动——借你一把伞(大班)

早期阅读的关键在于培养幼儿的自主阅读能力,是让幼儿看得懂、听得懂,

并用自己的语言进行描述的过程。《借你一把伞》的故事充满童趣,结构重复而有变化,语言简洁、易模仿,主题积极向上。动物们由小到大地轮流出场借伞给娜娜,能让幼儿感受到故事中温暖的友情。此外,故事营造了一种轻松幽默的氛围,能给幼儿带来愉悦的情感体验。

1. 通过观察图片、听故事,欣赏并理解故事。
2. 学会用不同的声音表现故事中的对话。
3. 初步理解"适合自己的,才是最好的。"

1. 故事背景大图一张。
2. 与故事情节有关的不同大小的"伞"及小动物们和女孩的图片若干。
3. 绘本书若干。

活动过程

1. 认识各种叶子并配对,引出故事。

(1) 出示叶子的图片,引导幼儿观察并迁移已有经验。

指导语:小朋友们见过这些叶子吗?它们像什么?你在哪里见过这样的叶子?

(2) 出示故事中的动物图片。

指导语:有一天,有四个小动物一起出来玩,我们来看看都有谁呢?啊!是小蚂蚁、小青蛙、小兔和大熊。他们是怎么走路的呢?我们来一起学一学。

(3) 导入故事情节。

①引导幼儿认识到小动物们可以用叶子当伞。

指导语:这群小动物走着走着,突然下起雨来了,怎么办呢?

②引导幼儿根据自己的生活经验进行推理与讲述,并根据讲述的内容选择相应的"雨伞"与小动物配对。

指导语:小蚂蚁、小青蛙、小兔、大熊分别打哪把伞比较合适呢?为什么?

2. 欣赏故事,初步感知故事情节。

(1)出示女孩图片,引出下文:有一个小姑娘,名字叫娜娜,你们看,她有伞吗?那娜娜该怎么办呢?

指导语:让我们一起来听听故事,听完这个故事你就会知道了!

(2)教师有感情地讲述故事,一直讲到"大熊拿着大大的荷叶走过来,说:'借你一把伞。'"

(3)讲述后提问:

①故事叫什么名字?

②娜娜没有伞,谁来帮助她的?怎么说的?

③小蚂蚁、小青蛙、小兔、大熊的声音是怎样的?学一学,用大小、粗细不同的声音表现小动物们的特征。

④小动物们的伞借给娜娜合适吗?为什么?

⑤娜娜的伞到底在哪里呢?我们一起来帮她找一找吧!

(4)完整欣赏一遍故事。

3. 欣赏绘本,边看书边听老师有感情地讲述故事。

(1)激发幼儿的阅读兴趣。

指导语:其实这个好听的故事是根据一本很美的图画书改编的,你们想不想看看这本书?

(2)引导幼儿仔细观察图书的封面。

指导语:这是书的什么?上面有什么?我们一起来看看吧!

4. 阅读后讨论:还有谁没有伞?我们怎么帮助它?

活动延伸

自由阅读《借你一把伞》;用各种材料制作"伞"。

附故事《借你一把伞》:

下雨了,糟糕,娜娜没有带伞,站在雨中。

小蚂蚁拿着小小的酢浆草走过来,说:"借你一把伞。"

娜娜拿着,小蚂蚁的伞真小。

青蛙拿着瓜的叶子跳过来,说:"借你一把伞。"

青蛙的伞是漏斗伞。

兔子拿着上头有叶须的胡萝卜,说:"借你一把伞。"

兔子的伞会漏雨。

小狐狸拿芋头叶给娜娜,小狐狸的伞是不是刚刚好呢?

撑着撑着,啊,雨水漏下来了,娜娜跑了出来。

大熊拿着大大的荷叶走过来,说:"借你一把伞。"

大熊的伞好大好重啊!

小狗拿着伞跑了过来,说:"借你一把伞。"

啊,不大不小,娜娜用着正合适!

下雨天,拿着伞排队走,还有谁没有伞吗?

【案例来源】张玉敏.幼儿园语言教育与活动设计[M].长春:长春出版社,2013.

早期阅读活动——写信(大班)

 活动目标

1. 会看图文结合的诗歌并能大声朗诵。
2. 对诗歌和仿编诗歌感兴趣,并尝试进行诗歌仿编。
3. 有写信的愿望。

活动准备

1. 幼儿认识一些生活中常用的文字和符号。
2. 幼儿有一定的阅读经验。
3. 教师准备一封"树叶信",信封里装一片有三个洞的树叶。
4. 教师准备诗歌《写信》的图夹文大图一张,小图若干张。
5. 教师准备写信用的笔和纸若干。

 活动过程

1. 猜想活动

教师出示一封"树叶信",引起幼儿兴趣,鼓励幼儿大胆猜想:你们能看懂这封信写的是什么吗?

2. 诗歌欣赏

(1)教师朗诵诗歌《写信》,提出问题:小虫和蚂蚁是怎样写信的?你能说一说他们在信中表达的意思吗?

(2)教师拿出《写信》的图夹文大图,再次朗诵诗歌,一边朗诵一边用手指指向相应的文字和图画。

提问:听完这首诗,你想到了什么?

(3)给幼儿每人发一张《写信》的图夹文小图,请幼儿边看边大声朗诵。

3. 用图夹文的形式写信

(1)提问:如果你是小虫或蚂蚁或其他动物,你会怎样写信?请你尝试着把信写出来,再念给小伙伴听。

(2)鼓励幼儿大胆使用图夹文的形式写信。

(3)鼓励幼儿与小伙伴分享。

早期阅读活动利用图画书,为幼儿创设良好的书面语言环境,其目的是激发幼儿对书面语言的兴趣,培养他们对汉字的敏感性,并以此来丰富幼儿的前阅读和前书写经验。在该活动中,教师向幼儿提供了具有表意性质的阅读材料,帮助幼儿形成有关书面语言的初步认识,同时通过"图夹文"诗歌,让幼儿将口头语言与书面语言结合起来,逐渐认识到书面语言的表意性质。

附诗歌《写信》:

> 小虫写信给蚂蚁,
> 他在落叶上咬了三个洞,
> 表示我想你。
> 蚂蚁收到信,
> 也在落叶上咬了三个洞,
> 表示看不懂。
> 小虫看不明白蚂蚁的意思,

蚂蚁不知道小虫的想念,

怎么办呢?

【案例来源】何芙蓉,胡陵.学前儿童语言教育[M].成都:西南交通大学出版社,2013.

 思考与练习

1.试述学前儿童早期阅读活动的基本特点。
2.试述学前儿童早期阅读活动的语言教育目标。
3.试述学前儿童早期阅读活动的基本环节。

第九章 学前儿童语言教育评价

学习目标

1. 了解学前儿童语言教育评价的概念。
2. 熟悉学前儿童语言教育评价所遵循的原则。
3. 掌握学前儿童语言教育评价的具体内容。

第一节 学前儿童语言教育评价的作用与原则

教育评价,就是衡量教育工作的价值。学前儿童语言教育评价是学前教育评价的一部分,专指对与学前儿童语言教育活动相关的各个方面进行科学的价值判断的过程。具体来说,学前儿童语言教育评价就是收集语言教育活动设计、组织和实施过程中各方面的信息,并依据一定的客观标准对学前儿童语言发展的状况进行评估,对学前儿童语言教育的过程、内容、方法、效果等做出客观衡量和科学判定的过程。

一、学前儿童语言教育评价的作用

《纲要》指出:"教育评价是幼儿园教育工作的重要组成部分,是了解教育的适宜性、有效性,调整和改进工作,促进每一个幼儿发展,提高教育质量的必要手段。"同时,《纲要》还强调"平时观察所获的具有典型意义的幼儿行为表现和所积累的各种作品等,是评价的重要依据",评价要"在日常活动与教育教学过程中采用自然的方法进行"。

从我国学前儿童语言教育评价的现状来看,学前儿童语言教育评价强调评价的主体是教师和幼儿,评价的客体是语言教育活动,包括语言教育活动的各个部分及其相关关系、某个具体的语言教育活动本身、教师的"教"和幼儿的"学"等。学前儿童语言教育评价是学前儿童语言教育活动的一个重要组成部分,对整个语言教育活动起着调节、控制和引导的作用,是连接一个语言教育活动和另一个语言教育活动的中间环节。进行语言教育评价的最终目的是完成语言教育活动的目标,促进幼儿语言能力的发展。学前儿童语言教育评价在语言教育活动中具有以下三个方面的重要作用。

(一)反馈功能

教育评价最为主要的功能之一就是检查教育目标的达成水平,发现存在的问题,并及时反馈信息,以便教师调整教学过程,针对各种问题进行优化和完善。一个教学活动是否有效,是通过教育目标的达成情况来进行判断的,而教育目标达成情况的分析,离不开教育评价的反馈作用,即通过教育评价将教育活动的信息反馈给教师,使教师意识到自己在教育活动中存在的优点与不足,进而判断自己所选择的教学方法是否恰当,教学内容是否适合幼儿的年龄特点,教学环节的安排是否合理等。教育评价一方面能够激发教师参与教学活动的积极性,另一方面也有助于教师不断地自我改进,完善教学过程,提高教育教学能力和业务水平。

(二)引导功能

新课程标准强调教育评价应体现出多元性、多样性、发展性的特点。其中,多元性和多样性主要是针对评价主体、评价方法和评价内容而言的。而发展性对应的是教育评价的一种引导功能。无论是在理论研究还是实际的教学过程中,人们都十分重视教育评价。这是因为,在教育评价的过程中,人们能够发现一些问题,如本班幼儿对语言活动的兴趣、本班幼儿语言表达能力的差异、本班幼儿已有的语言经验等,通过对这些问题的分析,教师在下一次语言教育活动的准备、设计及实施过程中,就能够做到真正意义上的因材施教,并对本班幼儿进行有效的个别指导。总之,通过对语言教育活动进行评价,发现其中存在的不足,然后根据这些不足改进教学方法、调整教学内容,能对以后的语言教育活动起到一个重要的引导作用。

（三）增效功能

教育评价能减少教育活动中很多的"无效劳动"，使教师和幼儿能够将更多的时间花在有效的教育活动中，提高教育活动的质量。从短期情况来看，虽然每次教育活动结束后都进行教育评价可能会暂时地增加教师的负担，但从长远发展来看，进行教育评价不仅能让教师在遇到同类问题时选出最优的解决方法，还能加强幼儿对整个教育活动的参与性，同时有利于提升教师的教学水平。随着教育评价体系的不断完善和评价工具的不断改进，教师只需花少量的时间用于教育评价，就能收获丰厚的回报。

二、学前儿童语言教育评价的原则

进行学前儿童语言教育评价，一般应遵循以下原则。

（一）客观性原则

客观性原则是指在实施语言教育评价时，必须采取客观公正、实事求是的态度，科学地确定和使用评价标准，尽量减少主观臆断和个人情感因素的影响。这是进行语言教育评价的最基本原则。

遵循客观性原则，首先要求评价者必须采用科学合理的评价方法进行评价，绝不能依靠主观经验进行推测。评价前，评价者应认真考虑评价目的、评价内容，以及评价的依据与手段，做好充分的评价前准备。在评价过程中，评价方法应有明确、科学的标准，以便于评价者的合理操作与实施。随意增加或减少标准、提高或降低标准的做法都是不符合客观性原则的。其次，要求评价标准适用于每个评价对象，不能以偏概全，否则，就不是一个客观的标准。最后，要求评价者以客观公正的态度对待每一个评价对象，不能添加个人感情，更不能因个人好恶而导致评价结果的偏差。

（二）全面性原则

学前儿童语言教育评价应体现全面性原则。首先，全面性是指教育评价应贯穿教育活动的全过程，关注教育活动的方方面面，避免以偏概全或只评价教育活动的结果。其次,全面性还指要全面评价幼儿发展的各个方面,包括考察其认知、态度、情感、能力、社会性等多个方面的表现。再次,全面性原则还指评价的信息渠道应多样化,评价者可以通过观察、记录、交流等多种方式获取信息。最后,全面性原则还指评价主体应该多样化,评价应该是家庭、社区、教师、幼儿等多方共同参与的过程。

遵循全面性原则,一方面要求评价标准要能充分、全面地反映教育目标,不能片面地强调某些因素而忽视其他因素;另一方面,在评价过程中,要全面、充分地收集信息,不能偏听偏信。只有遵循了全面性原则,才能保证评价标准的全面性和评价过程中收集到的信息的全面性,使评价工作更科学、准确。

(三)参照性原则

参照性原则是指在制定语言教育评价标准时要有一定的依据。首先,要参考相关法规性质的文件,这是制定语言教育评价标准的根本依据。其次,要依据学前儿童语言发展的基本规律来开展评价,不可随意提高或降低评价的标准。再次,要依据语言教育活动的目标来开展评价。语言教育活动的目标不仅是语言教育活动的指南,也是语言教育评价的指南和参照依据。在评价的过程中,那种盲目地脱离实际目标另定标准的做法是不可取的,是缺乏科学性的。

(四)发展性原则

在进行语言教育评价时,要以发展的眼光来看待被评价者,评价的目的是促进教师和幼儿更好地进步。从教师角度来看,评价者要善于引导教师运用专业知识审视自己的工作,不断发现、分析、研究、解决教育工作中遇到的问题,并在这一过程中锻炼自己的专业实践能力,实现自身的专业成长。从幼儿角度来看,对幼儿的评价过程不应该是简单地做出结果性评判的过程,而应当是了解幼儿、理解幼儿、欣赏幼儿的过程,旨在促进每个幼儿的发展。

(五)情境性原则

教育活动是在一定情境下发生的教师与幼儿或幼儿与幼儿之间不断互动的动态过程,因此,对教育活动的评价必须考虑到其特定的情境。在学前教育阶段,评价的主要意义在于提供这样一种信息,即幼儿在教育活动中是如何取得进步的,并允许教师根据评价结果调整活动计划以满足幼儿的学习需要。比起测试性评价,关注到情境的真实性评价更能保证教师真正掌握幼儿学习发展的实际状况,从而进一步设计出符合幼儿学习特点的教育活动。

(六)个别化原则

学前儿童语言教育评价既要关注到幼儿群体,也要关注到每一个个体。教师应充分考虑幼儿的个别差异,在活动的过程中对不同幼儿进行观察记录,给出有针对性的评价。此外,教育活动评价既要关注幼儿的全面发展,也要关注幼儿某些方面的特殊表现和能力,教师要对幼儿特有的潜能或一些独特的个性进行记录评价,为其个性化、个别化的发展预留空间。

(七)尊重性原则

学前儿童语言教育评价要充分尊重被评价者。无论是对幼儿还是对教师的评价都要公正、客观,尽量从正面入手,帮助幼儿和教师发现自己的长处,弥补自己的不足,做到扬长避短。教育管理者在对教师的教育行为进行评价时,一定要持肯定和鼓励的态度,以激发教师不断进取的信心和渴望,促使教师不断自我完善和提高,从而使教育活动得到改进;不要从缺点切入评价,以免打击被评价者的自尊心。

第二节　学前儿童语言教育评价的内容与方法

一、学前儿童语言教育评价的内容

学前儿童语言教育评价一般应包括如下三个方面的内容:一是对幼儿语言发展状况的评价,包括对幼儿语音、词汇、倾听、表述等能力的评价;二是对语言教育活动的评价,包括对活动目标、内容、组织形式和过程等的评价;三是对教师在语言教育活动中设计和组织情况的评价。三方面的评价内容相辅相成,在学前儿童语言教育评价中皆必不可少。

（一）对学前儿童语言发展状况的评价

幼儿是学前儿童语言教育活动的主体。学前儿童语言教育评价以幼儿在教育活动中的表现或活动所引起的幼儿的发展变化为切入点，具体包括如下两个方面：一是从幼儿学习的效果切入，即对语言教育目标达成的情况进行分析和评价，此为静态评价；二是从幼儿在活动中的表现切入，即对幼儿参与活动的程度进行分析和评价，此为动态评价。将静态和动态两个维度的评价综合运用，方能对幼儿的语言发展状况做出较为全面的评价。

1. 对语言教育目标达成情况的评价

在对学前儿童语言发展状况进行评价时，要有整体观念，应首先考虑学前儿童语言教育的总目标。根据《纲要》要求，幼儿的语言发展最终应达成以下五方面的目标：第一，乐于与人交谈，讲话礼貌；第二，注意倾听对方讲话，能理解日常用语；第三，能清楚地说出自己想说的事；第四，喜欢听故事、看图书；第五，能听懂和会说普通话。

具体来说，对学前儿童语言教育目标达成情况的考察主要涉及如下三个方面：

（1）分析认知目标的达成情况：了解幼儿是否获得了目标所规定的语言知识；是否掌握了有关的语音、词汇、句型、语法；是否懂得了在何种情况和环境下运用这些词汇、句型和语法；是否顺利进行着口头语言的理解、表达，以及书面语言的学习。

（2）分析情感与态度目标的达成情况：了解幼儿是否形成了耐心倾听他人讲话的态度，是否养成了注意倾听的习惯；是否乐意在集体中讲述；是否使用礼貌语言与人交往，并养成了文明交往的习惯；是否掌握并遵守语言交往中的一般规则。

（3）分析能力与技能目标的达成情况：了解幼儿构词成句的能力和在具体语境中运用语言的能力，是否能根据活动中的语言情境来运用有关词汇、句子和不同的表述方式。

此外，在对目标达成情况进行分析的同时，还应对目标的达成程度进行判断。具体可分为三个等级，即完全达到目标要求、基本达到目标要求和未达到目标要求。

2. 对幼儿参与活动程度的评价

对学前儿童语言发展状况评价的另一个方面是对幼儿在语言活动中参与和投入程度的分析与评价,这是一种动态的评价。教师应认真观察幼儿在语言活动中的表现,以评价幼儿参与活动的程度、注意力集中程度、情绪愉悦表现、参与活动的持续性等。通过对幼儿在语言活动中表现的分析,教师可以了解到活动设计和实施的具体情况,也可以了解幼儿语言发展的实际状况。幼儿参与活动的程度可划分出三级指标:幼儿参与活动的最理想状态——主动积极参与活动;幼儿参与活动的中间状态——一般参与活动;幼儿参与活动的最不理想状态——未参与活动。这些评价能间接表现出语言教育活动的适宜性及与幼儿生活经验的连接性。

(二)对学前儿童语言教育活动的评价

对学前儿童语言教育活动进行评价,也可以说是对教师的教学工作和教学效果进行评价,评价项目主要包括活动目标、活动内容、活动方法和组织形式、活动过程、活动环境材料、活动过程中的互动情况、活动效果七个方面。其中,对活动效果的评价可以从幼儿语言发展状况的角度去考察,因前文对此已有介绍,故此处不再赘述,下面仅对其他六个方面的内容进行阐述。

1. 语言教育活动目标的评价

《纲要》明确提出,"幼儿园的教育活动,是教师以多种形式有目的、有计划地引导幼儿生动、活泼、主动活动的教育过程。"所以,在考察学前儿童语言教育活动时,首先要分析评价语言教育活动的目标。具体来说,主要涉及如下五个方面的内容:

(1)活动目标的方向性,即分析目标的制定是否符合《纲要》总目标、各年龄阶段目标和各种类型语言教育活动目标的要求。

(2)活动目标与活动内容的匹配性。

(3)活动目标的全面性与层次性,即分析目标是否包含认知、情感态度和能力技能三个方面的内容,是否根据幼儿的实际情况确定了不同层次幼儿的达标要求。

(4)活动目标的中心性,即分析整个活动的设计与组织是否围绕教育目标而展开。

(5)活动目标的针对性和适应性,即分析本次活动的目标是否符合本班幼儿的实际情况,是否符合本班幼儿的发展水平和经验水平。

2. 语言教育活动内容的评价

对学前儿童语言教育活动内容的评价,应主要围绕以下五个方面进行:

(1)活动内容与活动目标的一致性。

(2)活动内容的科学性与思想性。

(3)活动内容的丰富性与趣味性。

(4)活动内容的层次性,即语言活动的内容是否做到了有主有次,重点突出,能使幼儿在保持注意又不觉疲劳的情况下完成活动任务。

(5)活动内容布局的合理性,即是否根据幼儿的认知规律和注意规律设计语言活动内容的顺序和密度。

3. 语言教育活动方法和组织形式的评价

对语言教育活动方法和组织形式的评价,主要是分析活动方法和组织形式能否满足以下三个方面的要求:

(1)方法和组织形式具备科学性,即所采用的方法和组织形式要尊重幼儿的认识规律和语言发展规律。

(2)方法和组织形式具备丰富性,即通过富有变化的方法和组织形式来提高幼儿的注意力。

(3)方法和组织形式具备灵活性,即针对幼儿语言发展的不同水平,选择不同的活动方法,设计不同的组织形式,及时根据幼儿的表现和现场的情况调整教学策略。

4. 语言教育活动过程的评价

对学前儿童语言教育活动过程的评价,主要是分析语言教育活动的过程能否满足以下三个方面的要求:

(1)活动过程体现中心性,即活动的每个环节都是围绕活动目标展开的。

(2)活动过程体现流畅性,即前一环节与后一环节衔接自然,没有生硬的过渡和不恰当的停顿。

(3)活动密度合理,即活动的各个环节动静交替,张弛有度,让幼儿兴奋而不亢奋,积极参与而不觉疲劳。

5. 语言教育活动环境材料的评价

对学前儿童语言教育活动环境材料的评价,主要可以围绕以下四个方面展开:

(1)是否创设了一个自由、宽松的语言交往环境,是否支持、鼓励幼儿与教师、同伴交谈,体验语言交流的乐趣。

(2)活动环境的创设是否体现了目的性、美观性和材料的实用性。

(3)设计、制作和演示的环节是否体现了安全性、科学性、合理性。

(4)教学媒介的选择和使用是否体现了科学性和实用性,即学习环境、材料、教具、学具、课件等是否符合幼儿的发展水平,教具和学具能否做出若干个组合以最大限度地发挥它们的功能。

6. 语言教育活动过程中互动情况的评价

语言教育活动过程中的互动情况,具体可分为师幼互动和幼儿间的互动两种。教师与幼儿的交流情况和幼儿之间的自由交谈情况,是评价的重点内容。对语言教育活动过程中互动情况的评价,主要可以围绕如下三个方面展开:

(1)教师在互动中主导作用的发挥程度。教师应主动创造条件让幼儿成为活动的主体,教师自己应是幼儿语言学习和发展的支持者、合作者、引导者,时刻注意观察幼儿在活动中的各种表现;以平等、关怀、尊重的态度与幼儿交流;为幼儿提供宽松、民主、自由的环境,让幼儿想说、敢说、喜欢说,并能得到积极回应;针对幼儿的个体差异,用适当的方式给予个别幼儿适时的帮助和指导。

(2)幼儿在活动中主体地位的体现程度。例如:幼儿在活动中积极主动,充分享受教学民主;幼儿有主动质疑、发问的机会,同伴间有讨论和商量的时间;教师倾听幼儿提出的问题,并给予恰当的解释和指导。

(3)教师与幼儿之间交往的和谐程度和融洽程度。在和谐的状态下,教师的表情和语调应自然亲切、不做作,幼儿也能集中注意力,保持思维活跃、表情自然,即便遇到困难也能够自觉克服并实现预定目标。在这种状态下,幼儿的主动性、积极性等非智力因素也能得到充分的激发。

（三）对教师在语言教育活动中设计和组织情况的评价

在语言教育活动评价中，对教师本身的评价也是一个很重要的方面。对教师的评价，可以围绕以下几个方面展开：

1. 对教师言语素质的评价

（1）对教师教学口语的评价。幼儿教师在语言教育活动中以发展幼儿的语言水平、培养幼儿对语言和文学的兴趣为主要目的，所以，其教学口语必须体现出幼儿教师职业口语的特点，即规范性、科学性、生动性、启发性和可接受性。教师要做到：能说标准流利的普通话，体现规范性；解说符合客观实际，表达准确无误，体现科学性；语言形象传神、活泼生动，体现生动性；能围绕话题中心启发幼儿思维，引发幼儿的学习兴趣，体现启发性；能根据幼儿的年龄特点和活动的场地，确定口语的速度、句子的长短与句式，体现可接受性。

（2）对教师体态语的评价。幼儿教师不仅要做到口头语言具有示范性，体态语也应具有示范性。教师的体态语是一种重要的言语辅助形式，能补充或强化教学信息，调控交际过程，加强师幼之间的情感交流。学前儿童正处于直觉行动思维和具体形象思维阶段，更需要教师运用恰当的体态语帮助其感知和理解语言活动的内容。教师体态语的评价标准是：文明、自然、得体、和谐。

2. 对互动情况的评价

对互动情况的评价可分为两个方面：一是人与人的互动，即师幼互动和幼儿间的互动，这部分的内容在前面已有介绍，故此处不再赘述；二是人与物的互动，即教师和幼儿如何在活动中使用教具和玩具等材料，包括教师是否选择了适合活动内容和幼儿实际水平的操作材料，教具和玩具等操作材料是否有利于本次语言活动的展开，等等。

二、学前儿童语言教育评价的方法

学前儿童语言教育评价，是指通过一定的手段收集语言教育活动系统中各方面的信息，依据一定的客观标准对学前儿童语言发展和教育活动及其效果做出客观的衡量和科学的判定。评价时，可综合运用观察法、谈话评价法、问卷调查法、综合等级评定法、档案评估法等多种方法，收集多方面的信息，作为评价的量和质的客观资料，为科学的教育评价提供依据。

（一）观察法

观察法，是指评价者直接进入教育现场，对语言教育活动或幼儿的日常活动进行现场考察，收集教师组织的语言教育活动或创设的语言交际环境的相关信息，观察并记录幼儿的反应，对照预设的目标，评判达成度。在学前儿童语言教育活动的评价中，实地观察是一种行之有效的评价方法。评价者通过观察可以获得大量的评价信息，及时了解语言教育活动进行的状况，还可以通过观察得来的反馈信息，及时调整语言教育活动的内容、方法和组织形式，从而达到评价为教育服务的目的。

在运用观察法进行评价时应注意以下问题：

第一，创造自然的观察环境和气氛。评价者应避免幼儿注意或察觉到自己的观察意图，以免幼儿紧张或出现其他不自然的反应，影响观察结果的真实性。此外，在观察过程中，评价者不应对幼儿的语言进行干预或限制。

第二，有明确的观察目的。评价者应明确每次观察的目的，记录与观察目的有关的语言表现和重要情节，并根据观察目的，做好物质、知识和环境方面的准备。

第三，做好观察记录，准确记录反映幼儿语言发展状况的事实及其发生的条件、环境，以便对幼儿语言发展的情况做出正确判断。展开来说，应准确记录观察的时间、地点，观察对象的年龄、入园时间、父母职业与文化水平等自然状况，重点记录观察对象的具体语言发展表现，包括语音、词汇、倾听和理解、表达与交流等方面的内容，还要对观察对象参与活动的情况及个性特点加以说明，条件允许时最好保留原始音像资料。

第四，对幼儿的语言发展情况进行多次观察。幼儿的言语表现易受环境和主客观因素的影响，而在不同时间、不同条件下呈现出不同的状态。如果仅以一次观察得到的信息为依据对幼儿的语言发展状况做出判断，势必会影响评价结果的客观性和科学性。所以，在运用观察法对幼儿的语言发展状况进行评价时，一定要注意进行多次观察。

第五，做好观察结果的处理和分析。

(二)谈话评价法

谈话评价法是通过与幼儿面对面的交谈来搜集语言发展评价信息的方法。评价者首先要认真记录谈话内容,然后对照一定的标准细致分析谈话内容,进而对幼儿的语言发展情况做出分析评价。谈话法的优点是它能比较快捷而具体地了解幼儿语言发展中的问题,弥补观察法的不足,丰富已有的资料;缺点是比较耗费人力和时间,效率较低。

使用谈话法搜集语言发展评价信息时应注意以下问题:

第一,要有明确的谈话目的。

第二,谈话内容和方式要简单。谈话内容应在幼儿的生活经验范围内,并易于幼儿理解。与幼儿谈话时要使用简单语言,提出的问题也要尽可能简单易懂。

第三,谈话要在自然的状态下进行,以免幼儿出现紧张情绪,影响谈话结果的真实性。

第四,在谈话过程中,评价者应言辞温和、态度和蔼,为幼儿创造轻松、自然的谈话氛围。当幼儿在谈话过程中出现对提问不理解、不作答或回答错误等现象时,教师要耐心启发或等待,切忌斥责、批评幼儿或表现出急躁情绪,以免打断谈话或得不到所需要的事实材料。

(三)问卷调查法

问卷调查法是由评价者根据评价目的向调查对象发放问卷,以广泛搜集幼儿语言发展信息的一种方法。在学前儿童语言发展评价中,教师常常使用问卷调查法向家长了解幼儿在家庭环境中的语言发展情况。问卷调查法的效率较高,可以在短时间内搜集大量的评价信息。但倘若调查目的被家长误解,调查信息的真实性和准确性就会受到影响。造成这种现象的原因主要有以下两点:一是家长并未真正理解学前儿童语言发展评价的意义,顾虑较多,担心若全部如实反映,会造成教师对幼儿的偏见;二是调查题目的设计可能存在一定的缺陷,或表达方式不尽合理,使家长对问题的理解受到影响。

因此,使用问卷调查法时应注意以下问题:

第一,让家长了解问卷调查的意图,使其建立对教师的信任感,消除误解和顾虑。

第二,问卷的设计要科学合理,指导语简明易懂,问题数量适中,语言表述明确、易懂,以便于家长正确理解问题的内容并作答。

第三,问卷设计的问题应全面、具体。问卷设计应涵盖所需了解的全部内容,但回答方式应尽量简便,以选择题为宜,尽量在不增加家长负担的情况下得到较丰富的信息。同时,简便的回答方式还有利于得到明确的答案,便于日后进行统计分析。

第四,问卷发放应在正式场合进行。

第五,做好问卷的甄别。注意发放的问卷、回收的问卷和有效问卷的数量统计。

(四)综合等级评定法

为了获得对语言教育活动的总体印象,评价者在语言教育活动的评价中还可以使用综合等级评定法。这一方法有纵向和横向两个维度的评价指标,评价者为了得到综合的评价信息,既要对活动的各种因素进行分析和评价,又要对活动的各种状态进行分析和评价。纵向维度的评价指标包括构成语言教育活动的各种因素,主要有目标、内容、形式、幼儿参与活动的程度、材料利用情况、师生互动情况等。横向维度的评价指标包括教育活动各因素在运行过程中的状态及其等级。根据这两个维度所制成的综合等级评定表在活动评价中给广大教师带来了便利,教师在评价时只需在相应的位置上打钩即可。综合等级评定法可以为评价者提供多重评价信息,借助这些信息材料,评价者既可以对教育活动进行定量分析,又可以对教育活动进行定性分析,表9-1中的评价项目可供参考。

表9-1　学前儿童语言教育活动综合等级评价表

目标达成分析	目标1	完全达到（　）
		基本达到（　）
		未达到（　）
	目标2	完全达到（　）
		基本达到（　）
		未达到（　）
适合程度分析	内容	完全合适（　）
		基本合适（　）
		不合适（　）
	形式	完全合适（　）
		基本合适（　）
		不合适（　）
活动因素分析	参与程度	主动积极（　）
		一般参与（　）
		未参与（　）
	材料利用	充分利用（　）
		一般利用（　）
		未利用（　）
	师生互动	积极互动（　）
		一般配合（　）
		消极被动（　）
效果评价	整体印象	优秀（　）
		良好（　）
		一般（　）

（五）档案评估法

档案评估法又称成长记录法或公文包法，是指教师将某一阶段观察记录的资料，如照片、幼儿讨论的对话记录、教育手记等收集整理后，进行合理的分析与解释，以反映幼儿在学习与发展过程中进步情况或成就的一种方法。档案评估法是一种融过程与结果为一体的综合性的评价方法,具体包括描述记录和作品收集两种方法。

描述记录就是教师运用观察的方法,在日常生活情况下,选择可以表现幼儿个性或某方面发展的有价值的行为,运用记叙性的语言记录他们的动作、语言和活动。

作品收集主要指收集具有代表性的幼儿语言、美工和音乐等方面的作品。

总之,学前儿童语言教育评价的方法有许多,各有优点和缺点,幼教工作者及教育行政部门在使用这些方法时,应综合运用,取长补短,使教育评价的结果科学客观、真实可靠,真正达到为提高学前儿童语言教育质量服务的目的。

思考与练习

1. 阐述学前儿童语言教育评价的作用。
2. 试述学前儿童语言教育评价的原则。
3. 试述学前儿童语言教育评价的内容和方法。

参考书目

[1] 祝士媛. 学前儿童语言教育(第2版)[M]. 北京:北京师范大学出版社,2010.

[2] 张天军. 学前儿童语言教育[M]. 上海:复旦大学出版社,2012.

[3] 李香娥,李宪勇. 学前儿童语言教育[M]. 沈阳:辽宁大学出版社,2013.

[4] 何芙蓉,胡陵. 学前儿童语言教育[M]. 成都:西南交通大学出版社,2013.

[5] 卢伟. 学前儿童语言教育活动指导(第三版)[M]. 上海:复旦大学出版社,2013.

[6] 刘宝根. 学前儿童语言教育与活动指导[M]. 上海:华东师范大学出版社,2014.

[7] 欧阳新梅. 学前儿童语言教育[M]. 南京:东南大学出版社,2014.

[8] 张明红. 学前儿童语言教育与活动指导(第3版)[M]. 上海:华东师范大学出版社,2014.

[9] 韩映红. 学前儿童语言教育与活动指导[M]. 长沙:湖南大学出版社,2015.

[10] 张淑芝,康素洁,刘东航. 学前儿童语言教育与活动指导[M]. 长沙:湖南大学出版社,2017.